탈무드

탈무드

초판 1쇄 발행 2023년 9월 10일
초판 4쇄 발행 2024년 7월 31일

지은이 유대교 랍비
옮긴이 김영진
펴낸이 남기성

펴낸곳 주식회사 자화상
인쇄,제작 데이타링크
출판사등록 신고번호 제 2016-000312호
주소 경기도 고양시 덕양구 꽃마을로 34, 1006호,1007호(향동동, DMC스타팰리스)
대표전화 (070) 7555-9653
이메일 sung0278@naver.com

ISBN 979-11-91200-85-0 00100

탈무드

유대교 랍비 지음 | 김영진 옮김

자화상

머리말

5000년 이어온 유대인의 지혜를 만나다

탈무드(Talmud)는 과연 무엇인가? 이를 한마디로 정의하기는 무리가 따르지만, 쉽게 말해 '유대 민족이 살아온 5000년의 지혜이자 지식의 원천'이라고 할 수 있다.

탈무드의 본줄기는 《구약성서》라 하겠으나, 그 안에는 종교적인 문제뿐만 아니라 건강, 예술, 음식, 언어, 인간관계, 역사, 풍습, 경제, 철학, 의학, 수학, 과학, 천문학, 심리학 등의 상상 가능한 인간 생활의 모든 분야가 망라된다. 기원전 5000년부터 서기 500년까지의 유대 민족에게 구전되던 것을 10년에 걸쳐 2,000여 명의 학자들이 대대적으로 편찬한 저작물이다. 총 20권에 1만 2천 쪽에 이르며

어휘 수는 2백 50만 단어 이상이고 무게만도 75킬로그램에 이른다.

《탈무드》는 서기 500년에 바빌로니아에서 처음으로 편찬되기 시작했다. 1334년에 손으로 쓴 《탈무드》가 현재 가장 오래된 것이며, 최초로 인쇄되기 시작한 것은 1520년 베니스에서였다. 1244년, 파리에 있던 모든 《탈무드》는 기독교도에 의해 압수되어 2대의 수레에 실린 채 불태워졌다. 1415년에는 《탈무드》를 읽는 것이 법으로 금지되었고, 1520년에는 로마에서 모든 《탈무드》가 압수되어 불태워졌다. 1562년에 가톨릭교는 《탈무드》의 내용 중에서 기독교 비판이나 비유대인에 관한 내용은 전부 찾아 찢어내기도 했다. 그러므로 현존하는 《탈무드》는 원형 그대로는 아닌 것이다. 수백 년 동안 잃어버렸던 탈무드가 발견되어 복구되기도 했지만 아직도 문맥이 연결되지 않는 부분도 많다.

유대인이 가장 중요하게 생각하는 일은 하느님의 뜻을 실행하는 것인데, 그것을 가르치는 《탈무드》를 공부하지 않고서는 살아갈 수가 없었다. 하느님을 찬양하는 《탈무드》는 유대인으로서는 최고의 공부인 것이다. 오늘날에도 유대인은 아침에 일하러 가기 전에 《탈무드》를 공부하고, 점심시간이나 저녁 식사 후, 또는 버스나 지하철 속에서도 공부한다. 그리하여 20권의 《탈무드》 중에서 단 한 권만 다 보았어도 그들은 친지들과 더불어 축하 파티를 연다고 한다.

유대인은 자신들의 조국 없이 2000년에 걸친 오랜 방랑의 역사를 살아왔다. 그런 유대인을 결속시킨 유일한 존재가 바로 《탈무드》였다. 그들 스스로는 《탈무드》를 가리켜 '유대인의 영혼'이라고 말하기도 한다. 유대인이 후대에 전한 5000년의 지혜를 만나보자.

| 차례 |

2장

더불어 사는 삶에 필요한 지혜

3장

마음을 다독이는 지혜

Memo

Memo

1장

세상을 살아가는 지혜

두 시간의 가치

어떤 왕이 아주 커다랗고 훌륭한 포도 농장을 가지고 있었다. 많은 사람이 그곳에서 일해서 얻은 수입으로 생활하고 있었다. 그곳에서 일하는 사람 중 한 젊은이는 누가 보아도 손재주가 매우 뛰어났다.

어느 날 왕이 포도 농장을 방문했다. 왕은 뛰어난 손재주를 가진 재주꾼을 단번에 알아보았다. 왕은 그 젊은이와 함께 농장을 거닐며 대화를 나누었다. 그 때문에 젊은이는 두 시간밖에 일을 하지 못했다.

농장에서 일하는 사람들은 품삯을 일당으로 받고 있었다. 하루 일이 끝나자 사람들이 품삯을 받기 위해 길게 줄을 섰다. 그날도 다른 때와 똑같은 품삯이 모든 사람에게 지불되었다. 두 시간밖에 일을 하지 않은 젊은이에게도 똑같은 돈이 지불되자, 다른 사람들이 불평을 늘어놓았다.

"누구는 두 시간만 일하고도 하루치 돈을 받는군. 왕과 같이 있었다고 특혜를 받는 건가? 이건 정말 불공평한 처사야."

사람들이 웅성거렸다. 그 소리를 들은 왕이 이렇게 말했다.

"다른 사람들이 하루 종일 해야 하는 일을 두 시간도 되지 않아 끝낸 사람에게는 이보다 더 후한 상을 내려도 아깝지 않도다."

다른 사람들은 100년 동안 해도 다하지 못할 일을 26세에 죽은 랍비가 이룬 경우도 있다. 사람이 얼마 동안 살았느냐 하는 것보다 더 중요한 것은 얼마나 많은 업적을 남겼느냐 하는 것이다.

세 친구

옛날에 어떤 왕이 한 남자에게 사신을 보내, 즉시 자신에게 오라고 전했다. 그 남자는 왕에게서 사신이 오자, 자기가 뭔가 잘못을 저질러서 그것을 조사하려는 게 아닌가 하고 겁이 났다. 하지만 자신이 무엇을 잘못했는지 알 수가 없었다.

이 남자에게는 세 사람의 친구가 있었다. 첫 번째 친구는 서로가 최고라고 여길 만큼 아주 소중히 여기는 관계였다. 두 번째 친구 역시 서로가 아끼는 관계였지만 첫 번째 친구만큼 소중히 여기지는 않았다. 세 번째 친구는 가까운 사이이기는 했지만 두 친구만큼 관심을 기울이는 관계는 아니었다.

근심을 하던 그는 혼자서 왕의 앞에 갈 용기가 나지 않아, 세 친구에게 같이 가 달라고 부탁했다. 가장 먼저, 첫 번째로 소중하게 생각하던 친구에게 가서 함께 가 달라고 부탁했다. 그러자 그 친구는 이유도 묻지 않고 '나는 안 된다.'라고 딱 잘라 거절했다.

할 수 없이 두 번째 친구에게 가서 부탁했는데, 그 친구는 이렇게 말했다.

"성문까지는 같이 가주겠지만, 그 이상은 갈 수가 없어."

하지만 세 번째 친구는, 그의 이야기를 듣자마자 이렇게 대답했다.

"물론 가주지. 자네는 잘못한 것이 아무것도 없지 않은가. 두려워할 것 없네. 내가 왕에게 함께 가서 그렇게 말해주겠네."

여기서 첫 번째 친구는 '재산'을 뜻한다. 아무리 사랑하더라도 죽을 때는 남겨두고 갈 수밖에 없는 것이 재산이다.

두 번째 친구는 '가족'을 뜻한다. 화장터까지는 따라가주지만, 더 이상은 같이 가지 못하는 것이 가족이다.

세 번째 친구는 '선행'을 뜻한다. 보통 때는 눈에 잘 띄지 않지만, 죽은 후까지도 함께 가는 것이 바로 선행이다.

뱀의 머리와 꼬리

뱀 한 마리가 있었다. 그 뱀의 꼬리는 항상 머리가 가는 대로 그 뒤를 따라야 했다. 어느 날, 뱀은 그런 자신의 처지에 불만을 품고 머리에게 불평을 했다.

"내가 항상 네 뒤만 따라다녀야 하는 이유가 도대체 뭐냐? 네가 무슨 자격이 있어서 나를 이리저리 끌고 다니는 거야? 이러면 안 돼! 불공평하잖아. 나도 어엿한 뱀의 일부분인데, 늘 너의 노예처럼 지낼 수는 없어. 계속 이렇게 살 수는 없단 말이야."

꼬리의 불평에 머리가 아무렇지도 않다는 듯이 대꾸했다.

"너도 참 딱하다! 너는 앞을 볼 수 있는 눈이 없잖니. 그렇다고 위험한 상황을 알아차릴 수 있는 귀가 있나, 어떤 판단을 내릴 수 있는 두뇌가 있나. 나는 나 자신만을 위해 너를 끌고 다니는 것이 아니란 말이야. 다 너를 위해서 그러는 거라고."

꼬리가 머리의 대답에 코웃음을 쳤다.

"백성들을 위해 일한다는 핑계로 제 마음대로 하는 독재자랑 뭐가 달라! 너도 그런 말을 하는 것을 보면 영락없는 독재자로구나! 그런 얄팍한 구실로 나를 설득하려고 들지 마!"

꼬리의 비난에 머리는 하는 수 없이 자신의 자리를 내놓았다.

"그래, 좋아. 그러면 네가 내 대신 그 일을 맡아서 해봐. 그러면 되지 않겠니?"

머리의 말에 꼬리는 매우 신이 났다. 그리하여 꼬리가 머리를 대신해서 앞으로 나섰다. 그러나 얼마 가지 못해 진흙구덩이에 빠지고 말았다. 그리고 머리가 갖은 애를 다 써서야 간신히 빠져나왔다.

다시 꼬리는 여기저기를 헤집고 돌아다녔다. 그러다가

실수를 하는 바람에 그만 가시덤불 속에 빠지고 말았다. 꼬리가 가시덤불에서 빠져나가려고 아무리 애를 써도 가시에 자꾸 찔리기만 하고 빠져나갈 수가 없었다. 꼬리는 다시 한번 머리의 도움을 받아, 상처투성이가 된 채 간신히 빠져나왔다.

그래도 꼬리는 포기하지 않고 앞장섰다. 그러다가 불길 속에 빠지고 말았다. 몸이 뜨거워지더니 이내 앞이 캄캄해졌다. 뱀은 이러다가는 불에 타서 죽을까 봐 겁이 덜컥 났다. 머리는 이 다급한 상황에서 어떻게든 위기를 모면해보려고 필사적인 노력을 기울였다. 하지만 역부족이었다. 이미 때가 늦은 뒤였다.

결국 맹목적인 꼬리의 주장 때문에 뱀은 온몸에 불이 붙어 모두 타 죽고 말았다.

무언의 충고

생일이 똑같다는 이유로 타국의 황제와 친하게 지내는 랍비가 있었다. 황제가 랍비와 친하다는 사실은 두 나라의 관계로 보아 별로 좋은 일이 아니었다. 그래서 황제는 랍비에게 무엇인가 물어볼 것이 있을 때는 극비리에 사람을 보내 그의 조언을 듣곤 했다.

어느 날 황제는 이런 편지를 써서 랍비에게 보냈다.

"나에게는 두 가지 소망이 있습니다. 하나는 내가 죽으면 내 아들이 황제의 자리에 오를 수 있도록 하는 것이며, 나머지 하나는 티베리아스 시를 상업 활동이 자유로운 도시로 만드는 것입니다. 하지만 내 능력으로는 한 가지 일

밖에 이룰 수가 없을 것 같습니다. 혹시 이 두 가지 소망을 모두 이룰 수 있는 방법은 없겠습니까?"

그 당시에는 두 나라의 관계가 악화일로에 처해 있었기 때문에, 황제의 물음에 랍비가 대답을 했다는 사실이 알려지면 국민들에게 큰 영향을 끼칠 것이 자명했다. 그래서 랍비는 황제의 물음에 답장을 쓰거나 무슨 말을 할 형편이 되지 못했다.

랍비에게 편지를 전하러 갔던 사람이 돌아오자 황제가 물었다.

"그래, 답장을 받아왔느냐?"

그러자 그가 대답했다.

"랍비께서는 편지를 읽어보신 후 아무 말도 하지 않으셨습니다. 그저 아들에게 목말을 태워주더니, 아들에게 비둘기를 하늘로 날려보내라고 시키셨습니다. 그것이 전부입니다."

황제는 '먼저 아들에게 왕위를 물려준 다음, 그 아들로 하여금 도시를 번성케 하면 된다.'라는 랍비의 뜻을 알아챌 수 있었다.

그 이후 어느 날, 황제는 다시 랍비에게 사람을 보냈다. 다음과 같은 질문을 하고 싶어서였다.

"나라의 신하들이 내 마음을 괴롭히고 있는데, 어떻게 하면 좋겠습니까?"

랍비는 역시 아무 말도 하지 않은 채, 밖으로 나가 채소 한 포기를 뽑아왔다. 그러고는 또다시 밭에 나가 한 포기를 뽑아오고, 잠시 후 또 한 포기를 뽑아오는 것이었다.

이야기를 전해 듣고 황제는 랍비가 말하려는 뜻을 알 수 있었다. 그 뜻은 '한 번에 일망타진하려 하지 말고, 몇 번에 나누어 한 사람, 한 사람 제거하라면 된다.'라는 것이었다.

인간의 의사 전달은 말이나 글에 의존하지 않아도 충분히 이루어질 수 있는 것이다.

암시장

어떤 현명한 재판관이 있었다. 어느 날, 시장의 거리를 걷고 있던 그는 많은 장물이 그곳에서 거래되고 있다는 사실을 알아냈다. 그는 사람들에게 경종을 울리기 위해서는 어떤 시위가 필요하다고 생각했다.

재판관은 족제비 한 마리에게 작은 고깃덩이 하나를 주었다. 그러자 족제비는 고깃덩이를 물고 곧 자기의 작은 굴로 들어가, 그곳에 그것을 감추었다. 사람들은 족제비가 고깃덩이를 감춘 것을 쉽게 알 수 있었다.

재판관은 족제비의 작은 굴을 막아버린 다음, 이번에는 더 큰 고깃덩이를 족제비에게 주었다. 그러자 족제비는 고깃덩이를 문 채 재판관 앞으로 돌아왔다. 자기가 갖고 있는 고깃덩이를 처치할 수 없자, 그 고기를 주었던 사람에게 다시 가지고 돌아왔던 것이다.

이를 지켜본 사람들은 자신들이 도둑맞은 물건들이 시장에서 팔리고 있다는 사실을 깨닫게 되었다. 시장으로 달려간 사람들은 도둑맞았던 물건들을 되찾아갈 수 있었다.

동물에서 천사까지

어떤 제자가 신성한 것에 대해 랍비에게 물었다.

"신성하다는 것이 무엇이지요?"

"그것은 무엇을 먹느냐 하는 것과 성교를 어떻게 하느냐는 것이지."

"그러면 돼지고기를 먹지 않는다든가, 어느 때에는 성교를 하지 않는다든가 하는 그런 것을 뜻하는 것인가요?"

랍비가 설명했다.

"집에서 혼자 식사할 때는 그가 무엇을 어떻게 먹는지 다른 사람들로서는 알 수가 없다네. 하지만 다른 사람과 식사할 때는 모든 것을 알 수 있지.

집에서 식사할 때나 성교할 때, 인간은 동물이 될 수도, 천사가 될 수도 있는 것일세. 바로 이럴 때 자기 자신을 높일 수 있는 자가 진정 신성한 사람인 것이지."

마지막 날에 창조된 인간

성서에 의하면 이 세상의 만물은 6일간에 걸쳐 창조되었다. 인간은 그중 맨 마지막 날인 제6일에 만들어졌다.

인간이 맨 마지막 날에 창조된 이유를 탈무드는 이렇게 설명하고 있다.

"파리조차도 인간보다 먼저 만들어졌다는 것은 인간이 결코 오만해지거나 교만해져서는 안 된다는 뜻이다. 인간은 자연에 대해 겸허한 자세를 가져야 한다."

진짜 어머니

솔로몬 왕은 매우 뛰어난 현인으로 알려져 있다. 하루는 두 여인이 아이 하나를 데리고 와서 서로 자기의 아이라고 주장하며, 솔로몬 왕에게 가려줄 것을 요청하였다. 솔로몬 왕은 여러 가지 방법을 동원해 사실을 조사해보았으나, 그도 누가 아이의 진짜 엄마인지를 알 수가 없었다.

유대인 사회에서는 그 소유가 분명하지 않을 때는 둘로 나누어서 갖는 것이 관례였다. 솔로몬 왕은 관례대로 이 아이를 칼로 두 토막을 내라고 명령했다. 그러자 두 여인 중의 한 여인이 갑자기 미친 듯이 울부짖었다.

"그렇게 할 바에는 차라리 그 아이를 저 여자에게 줘버

리세요!"

이 광경을 보고 솔로몬 왕은 확신에 차서 말했다.

"그대야말로 아이의 신짜 어머니요! 아이를 여인에게 주어라!"

무엇이 진실이고 무엇이 허위인지 분별하는 것은 참으로 어려운 일이다.

작별 인사

긴 여정에 지치기도 했지만, 배고픔과 갈증에 시달리던 사람이 있었다. 그는 풀 한 포기 없는 사막을 걷다가 겨우 오아시스에 닿았다. 나무 아래의 시원한 그늘에서 쉬면서 과일로 굶주린 배를 채우고, 시원한 물로 갈증을 해소했다. 그러고 나자 저절로 한숨이 나왔다.

하지만 그는 그 자리에 마냥 주저앉아 있을 수가 없었다. 그는 다시 갈 길을 재촉하며, 그늘을 만들어준 나무에게 감사의 작별 인사를 했다.

"나무야, 정말 고맙다. 이 고마운 마음을 뭐라고 표현해야 좋을지 모르겠다. 네 열매가 더욱 알차기를 빌고 싶지만, 네 열매는 이미 세상의 어떤 열매보다도 알차고 맛이 있으니 그럴 필요가 없을 것 같구나. 너의 이 시원한 그늘이 더욱 커지도록 빌고 싶지만, 이미 편안히 쉴 수 있을 만큼 넉넉하니 그 또한 필요가 없을 것 같구나. 네가 더욱 잘 자랄 수 있게 물이 더 풍족하기를 빌고 싶지만, 물도 이미 충분한 것 같구나. 내가 너를 위해 할 수 있는 것이 있다면, 그것은 네가 더 많은 열매를 맺어, 그 열매가 새로이 뿌리내려 너처럼 아름다운 나무로 성장하기를 바라는 것뿐이겠구나."

만일 당신이 누군가와 작별할 때, 보다 더 현명해지기를 빌어주기에는 그가 이미 충분히 현명하며, 보다 더 부자가 되기를 빌어주기에는 그가 이미 충분히 부유하며, 보다 더 사람들에게 환영받는 선량한 사람이 되기를 빌어주기에는 그가 이미 누구보다도 선량한 사람이라면 무엇이라고 작별 인사를 하겠는가?

"당신의 자녀도 부모와 같이 훌륭한 사람이 되기를 바랍니다."

이렇게 축복하는 것이 가장 좋은 작별 인사가 아닐까.

마을의 파수꾼

지역 사정을 파악하기 위한 임무를 띠고, 시찰관 두 명이 북쪽 지방의 어느 마을에 파견되었다. 마을에 도착한 그들은 사람들에게 마을의 파수꾼을 만나 지역 상황을 알고 싶다고 말했다. 그러자 마을의 치안을 담당하고 있는 사람이 나섰다.

"아, 그런 문제 때문에 오셨다면, 제가 설명해드리겠습니다."

두 사람은 머리를 가로저으며 말했다.

"아닙니다. 저희는 이 마을을 지키는 파수꾼을 만나뵙고 싶습니다."

그러자 이번에는 마을의 지역 부대장이 나왔다. 시찰관들은 다시 머리를 가로저으며 이렇게 말했다.

"저희는 치안이나 부대를 지휘하는 책임자를 만나러 온 것이 아니라, 이 지역에 있는 학교의 교사를 만나러 온 것입니다. 진정으로 마을을 지키는 사람들은 사실 스승님들이기 때문입니다."

못생긴 그릇

얼굴 생김은 보잘것없으면서도 박식하기로 소문난 랍비가 있었다. 어느 날, 그 랍비는 로마 황제의 딸인 왕녀와 만나게 되었다. 왕녀는 랍비의 못생긴 얼굴을 보고는 눈살을 찌푸리며 이렇게 말했다.

"정말 못났군요. 당신처럼 못생긴 사람이 그렇게 뛰어난 현자라니 믿을 수가 없어요."

그 말을 들은 현자는 싱긋 웃으며 이렇게 말했다.

"이 궁전에 좋은 술이 있습니까?"

"물론이지요. 좋은 술이 많이 있습니다."

"그 술은 어떤 그릇에 담겨 있습니까?"

"그야 질그릇 항아리에 담겨 있지요."

왕녀의 대답을 들은 현자는 안타깝다는 듯이 말했다.

"왕실이면 금이나 은으로 된 그릇이 많을 텐데, 그렇게 좋은 술을 하찮은 질그릇 항아리에 담아놓았다니 이해가 안 되는군요.

이 말에 왕녀는 당장 시녀를 불렀다.

"여봐라! 궁궐 안에 있는 모든 술을 지금 당장 금이나 은으로 만든 그릇에 옮겨 담도록 하라."

그로부터 얼마 후, 하루는 황제가 술을 마시다가 벌컥 화를 냈다.

"아니, 술맛이 왜 이 모양인가?"

신하가 왕녀의 명령을 받고 술을 옮겨 담은 일을 소상하게 보고했다. 황제는 왕녀를 불러서 호되게 꾸중했다. 황제에게 꾸중을 듣고 난 후 왕녀는 그 못생긴 랍비를 불렀다.

"당신은 분명히 술을 금이나 은으로 만든 그릇에 담가두면 맛이 변한다는 사실을 알고 있었어요. 그런데 내게 왜 그런 말을 한 거죠?"

현자는 빙긋이 웃으며 다시 말했다.

"저는 다만, 아무리 귀한 것이라도 보잘것없는 그릇 속에 담겨 있을 수 있다는 사실을 왕녀께 알려드리고 싶었을 뿐입니다."

부부싸움

어떤 남자가 부부싸움을 하고 아내와 함께 친구를 찾아갔다. 친구는 남자의 아내를 잠시 다른 곳에 머물게 하고 그와 자리를 함께했다. 친구는 남자의 이야기를 듣고 그의 주장을 모두 인정했다. 그러고 나서 친구는 남자를 잠시 다른 곳에 머물게 하고 이번에는 남자의 아내의 이야기를 듣고 그녀의 말이 모두 옳다고 인정했다.

부부가 돌아간 뒤 친구의 아내가 물었다.

"당신은 남편의 말을 들었을 때도 그의 말이 전부 옳다고 수긍하시더니, 아내의 말을 들었을 때에도 그녀의 말이 전부 옳다고 수긍하셨습니다. 두 사람이 각각 전혀 상반되는 말을 하는데도 어째서 두 사람의 주장이 다 옳다고 할 수 있습니까?"

"당신의 말이 가장 옳소."

"당신의 뜻을 알게 해주세요."

"두 사람이 마찰을 일으켰을 때, 이 사람이 옳고 저 사람이 틀렸다고 말한다면 상황은 더욱 악화될 뿐이라오. 우선 상황을 냉각시키는 일이 중요하지요. 그러기 위해서는 쌍방의 주장을 시인해줌으로써 서로 냉정을 되찾고, 서서히 화해할 분위기를 만들어주는 것이오."

붕대

법률이란 마치 약(藥)과도 같은 것이다.

옛날에 어느 왕이 상처를 입은 아들에게 붕대를 감아 주면서 이렇게 말했다.

"얘야, 앞으로 이 붕대가 풀리지 않도록 조심하거라. 이 붕대를 감고 있는 동안에는 먹거나 뛰거나 물에 들어가도 아프지 않을 것이다. 하지만 이 붕대를 풀어버리면 상처가 더 심해질 것이다."

사람도 이와 비슷한 것이다. 사람의 마음속에는 악한 쪽으로 치우치려는 성질이 있으나, 법률을 지키고 벗어나려 하지 않는 한 결코 성질이 나쁘게 바뀌는 일은 없다.

가운뎃길

군대가 길을 따라 행진하고 있었다.

길의 오른쪽은 눈과 얼음으로 덮여 있었다. 그리고 길의 왼쪽은 불바다였다. 군대가 길의 오른쪽으로 행진하면 모두 얼어 죽고, 길의 왼쪽으로 행진하면 모두 불에 타 죽을 상황이었다.

하지만 길의 한가운데는 따뜻함과 시원함이 적당히 조화를 이루고 있었다.

하나의 몸에 두 개의 머리

"만일, 두 개의 머리를 가진 아이가 태어났을 때 이 아이를 한 사람으로 쳐야 하는가, 아니면 두 사람으로 쳐야 하는가?"

이 질문은 얼핏 생각하기에는 무척 터무니없어 보인다. 그러나 '인간은 설사 머리가 둘이더라도 몸통이 하나면 한 사람이다.'라든지, '머리 하나마다 한 사람으로 취급해야 한다.'라는 원칙을 확립하기 위해서는 매우 쓸모 있는 질문이라 할 수 있다.

유대교에서는 아이가 태어나면 한 달 후에 회당으로 데리고 가서 축복을 받게 한다. 그런데 이때 머리가 둘이

달렸다면 의문이 들며 선택의 기로에 서게 된다. 두 번 축복을 받아야 하는가, 아니면 몸통이 하나이니 한 사람으로 쳐서 한 번만 받아야 하는가? 또 기도할 때는 작은 주발을 머리 위에 얹게 되는데, 머리가 둘이니 두 개의 주발을 얹어야 하는가, 혹은 한 사람으로 생각하여 한 개의 주발만을 얹어야 하는가?

답은 아주 명쾌하다. 한쪽 머리에 뜨거운 물을 부었을 때 다른 쪽 머리도 뜨거워하며 같이 비명을 지르면 한 사람이고, 다른 쪽 머리는 무표정하게 있으면 두 사람으로 생각하면 된다.

유대인이 어떤 민족인가를 이야기할 때도 위의 답을 적절하게 인용할 수 있다. 이스라엘이나 러시아에 있는 유대인이 박해를 받았다는 이야기를 들었을 때, 고통을 느끼면서 비명을 지른다면 그는 유대인이다. 그러나 비명을 지르지 않는다면 그는 유대인이 아니다.

《탈무드》에는 이와 같이 사고력을 훈련할 수 있도록, 현실성은 떨어지지만, 하나의 원칙으로 삼을 만한 이야기가 많이 담겨 있다.

마음

인간의 육체는 마음에 의해 좌우된다.

마음은 보고, 듣고, 서고, 굳어지고, 부드러워지고, 기뻐하고, 슬퍼하고, 화내고, 무서워하고, 거만해지고, 설득당하고, 증오하고, 사랑하고, 질투하고, 부러워하고, 사색하고, 반성한다.

그렇기 때문에 자신의 마음을 스스로 조정할 수 있는 인간을 세상에서 가장 강한 인간이라고 하는 것이다.

세 가지 현명한 행위

예루살렘에 거주하는 사람이 여행을 하는 중에 병이 들고 말았다. 그는 이제 자기가 더 이상 소생할 수 없다는 걸 예감하고 여관 주인을 불러 말했다.

"나는 아마도 이대로 죽을 것 같소. 내가 죽었다는 소식을 듣고 예루살렘에서 가족이 찾아오면 내가 가지고 있던 물건들을 내주시오. 그러나 찾아온 사람들이 세 가지 현명한 행동을 하지 않으면 내 물건들을 절대로 내주지 마시오. 나는 여행을 떠나기 전에 내 아들에게, 유산을 받으려면 세 가지 현명한 행동을 해야 한다고 일러두었습니다."

그는 죽었고 여관 주인은 유대인의 의식에 따라 그를

매장해주었다. 그의 죽음은 마을 사람들에게 알려졌고, 예루살렘에 있는 아들에게도 소식이 전해졌다.

부음을 전해 듣고 아들이 서둘러 마을로 찾아왔다. 그러나 그는 부친이 묵었던 여관이 어디인지 알 수가 없었다. 왜냐하면 부친이 그 여관이 어디인지 아들에게 알려주지 말라고 유언했기 때문이었다. 그래서 아들은 자기의 지혜로 그 여관을 찾아내야 했다.

그때 나무 장수가 땔나무를 수레에 가득 싣고 지나가고 있었다. 아들은 나무 장수를 불러 땔나무를 산 다음, 그 나무를 예루살렘에서 온 나그네가 죽은 여관으로 가져다 달라고 말했다. 그런 다음 그 나무 장수가 가는 곳으로 따라갔다.

여관 주인이 자기는 땔나무를 산 일이 없다고 말하자 나무 장수는 이렇게 말했다.

"아닙니다. 지금 내 뒤를 따라오고 있는 사람이 이 나무를 사서 이리로 가져다 달라고 했습니다."

이것이 아들의 첫 번째 현명한 행동이었다. 여관 주인은 그를 반갑게 맞아들인 다음, 저녁식사를 대접했다. 식탁 위에는 다섯 마리의 비둘기 요리와 한 마리의 닭 요리가 올라와 있었다. 주인 부부와 두 아들과 딸, 이렇게 모두 일곱 사람이 식탁에 둘러앉았다.

주인이 "이제 음식을 모두에게 나누어주시오."라고 그에게 말하자 그는 "아닙니다. 주인께서 나누어주시는 것이 좋을 것 같습니다."라며 사양하였다. 그러자 주인이 이렇게 말했다.

"아닙니다. 당신이 손님이니까, 당신이 좋을 대로 나누어주시지요."

그 말을 듣고 그는 음식을 나누어주기 시작했다. 먼저 한 마리는 두 아들에게 주고, 또 한 마리는 두 딸에게 주고, 또 한 마리는 주인 부부에게 주었다. 그리고 나머지 두 마리는 자기 몫으로 가져왔다. 이것이 그 아들의 두 번째 현명한 행동이었다.

주인은 매우 못마땅한 표정을 지으면서도 아무 말을 하지 않았다. 이어서 그는 닭 요리를 나누기 시작했다. 먼저 머리를 떼어 주인 부부에게 주고, 다리는 두 아들에게 하나씩, 날개는 두 딸에게 하나씩 준 다음 몸통을 자기 몫으로 가져왔다. 이것이 그 아들의 세 번째 현명한 행동이었다.

묵묵히 이를 보고 있던 주인이 마침내 화를 참지 못하고 소리를 질렀다.

"당신네 고장에서는 이렇게 합니까? 당신이 비둘기를 나눌 때는 참았으나, 닭을 나누는 것을 보니 더 이상 참을 수가 없소. 도대체 이게 무슨 짓이오?"

그러자 젊은이가 이렇게 대답했다.

"나는 처음부터 음식을 나누는 일은 하고 싶지 않았습니다. 그러나 주인께서 나에게 간곡히 부탁하셔서 최선을 다해 나누어드린 것뿐입니다. 그러면 그렇게 나누어드린 이유를 말씀드리지요.

주인과 부인과 비둘기 한 마리를 합하면 셋이고, 두 아드님과 비둘기 한 마리를 합하면 셋이고, 나와 비둘기 두 마리를 합하면 셋이니, 매우 공평하게 나눈 것입니다. 또 주인 부부께서는 이 집안의 우두머리이므로 닭의 머리를 드렸고, 아드님은 이 집안의 기둥이므로 다리를 주었으며, 두 따님은 언제라도 날개가 돋쳐 시집을 갈 것이므로 날개를 준 것입니다. 그리고 저는 배를 타고 여기에 왔고, 다시 배를 타고 돌아가야 하기 때문에 배처럼 생긴 몸통을 가진 것입니다. 이제 빨리 우리 아버지의 유산이나 내주십시오."

아버지의 유서

시골에 살고 있던 현명한 아버지가 아들을 예루살렘에 있는 학교로 유학 보냈다. 그런데 아들이 유학하고 있는 중에 그가 중병에 걸렸다. 살아생전에 다시는 아들을 보지 못할 것을 예감한 그는 다음과 같은 유서를 남겼다.

"나의 모든 재산은 우리 집 하인에게 물려주도록 한다. 내 아들에게는 하인을 포함한 모든 재산 중에 하나만을 선택해서 가질 수 있는 권한을 부여한다."

그가 눈을 감자, 하인은 자신에게 찾아온 행운에 뛸 듯이 기뻐했다. 그는 예루살렘에서 공부하고 있는 주인의 아들에게 달려가, 주인의 부음을 알리며 유서를 보여주었다. 아들은 아버지의 갑작스러운 사망 소식에 이루 말할 수 없는 슬픔을 느꼈다. 그리고 한편으로는 아버지가 남긴 이상한 유서의 내용에 충격을 받지 않을 수 없었다.

아버지의 장례식이 끝나자, 아들은 앞으로의 일에 대해 여러 가지로 생각을 해보았다. 아무래도 랍비를 찾아가 조언을 구하는 것이 좋을 것 같았다.

"제 아버님이 모든 재산을 하인에게 남긴 이유가 무엇일까요? 저는 한 번도 아버님의 뜻에 어긋나는 행동을 한 적이 없었는데……."

아들이 죽은 아버지에 대해 원망 섞인 말을 늘어놓자, 곰곰이 생각에 잠겨 있던 랍비가 그 유언의 참된 뜻을 이렇게 풀어주었다.

"아들이 외지에 나가 없는 상황에서 하인이 재산을 가지고 도망치거나 재산을 탕진하지 않을까 걱정이 되어 그러셨을 겁니다. 심지어는 자신이 죽었다는 사실조차도 아들에게 전해지지 않을 것을 염려하여 그리했을 것입니다. 유언대로 하면 모든 재산을 물려받게 된 하인이 기뻐하며 한달음에 당신에게 달려가 그 소식을 알릴 테고, 집안의 재산도 지켜지리라 믿으신 거지요."

그러나 아들은 랍비의 설명이 잘 이해가 되지 않았다.

"모든 것이 하인에게 넘어갈 텐데, 그게 무슨 뜻입니까?"

랍비가 껄껄 웃으며 그를 안심시켰다.

"돌아가신 아버님의 유산 중에서 하나를 고를 수 있는 권한이 있습니다. 하인도 아버님의 유산 중 하나이니까, 당신이 하인을 고른다면 모든 유산은 결국 당신 것이 될 겁니다. 모두 당신을 배려한 일입니다."

마침내 아버지의 뜻을 깨달은 아들은 랍비가 가르쳐준 대로 하인을 유산으로 선택했다. 그 뒤 그는 집안의 모든 유산을 고스란히 물려받고, 하인은 해방시켜주었다.

학자

유대인은 모든 재산을 팔아서라도 딸을 학자와 결혼시키는 것은 바람직한 일이라고 생각했다.

또는 학자의 딸을 며느리로 데려오기 위해서는 모든 재산을 잃어도 좋다고 생각했다.

고용 계약

고용주와 종업원이 있었다. 종업원은 고용주를 위해 일하고 일주일 단위로 임금을 받기로 계약하였다. 단, 임금을 현금으로 주는 것이 아니라, 근처의 상점에서 그 임금에 해당하는 물건을 가져가기로 했다. 그러면 고용주는 상점에 대금을 지불한다는 조건의 계약이었다.

첫 일주일이 지난 후 종업원은 불만스러운 얼굴로 고용주를 찾아와 말했다.

"상점에서는 현금이 아니면 물건을 팔지 않겠다고 하니 현금으로 주십시오."

그런데 조금 후에는 상점 주인이 찾아와서 이렇게 말

했다.

"댁의 종업원이 가져간 물건 대금을 받으러 왔습니다."

이 경우에 고용주는 어떻게 해야 할까? 우선 사실을 확인할 필요가 있다. 그러나 아무리 조사를 해보아도 종업원이나 상점 주인이나 사실을 증명할 것이 전혀 없었다.

두 사람 모두 자기의 주장을 굽히지 않으면서 신의 이름으로 선서까지 했으므로, 고용주가 양쪽 모두에게 지불을 해주라는 판결이 내려졌다.

종업원은 상점 주인의 청구와는 직접적인 관계가 없다. 그리고 상점 주인도 종업원과는 직접적인 관계가 없다. 그러나 고용주는 양쪽 모두에 직접적인 관계가 있으므로 양쪽 모두에게 책임이 있는 것이다. 따라서 양쪽 모두에게 현금으로 지불하라고 판결한 것이다.

이것은 《탈무드》 안에서도 오랫동안 토의되어 온 사안이다. 분명 어느 한쪽이 거짓말을 하고 있겠지만 그것을 밝혀낼 수가 없고, 고용주는 양쪽 모두에 관련되어 있으므로 어쩔 수 없는 일이다. 계약은 경솔하게 맺어서는 안 된다는 교훈을 얻을 수 있다.

술

- 악마가 너무 바빠서 사람을 찾아다닐 수 없을 때, 술을 대신 보낸다.
- 포도주는 금이나 은으로 만든 항아리에 담는 게 아니다. 지혜가 담긴 질그릇에 담아야 하는 것이다.
- 새로 담근 포도주는 처음에는 포도맛밖에 나지 않지만, 시간이 지날수록 술의 맛이 좋아진다. 지혜도 이와 마찬가지로 해를 거듭할수록 무르익는다.
- 술을 대접하는 사람의 자세가 공손하면 아무리 맛없는 술이라도 좋은 술이 된다.
- 술이 머리에 들어가면 비밀은 밖으로 새어 나온다.

- 아침에 늦게 일어나고, 낮에는 술에 취해 있으며, 저녁에 쓸데없는 잡담으로 하루를 보내는 사람은 자기 자신의 일생을 헛되게 하고 있는 것과 같다.

교육

- 자신을 안다는 것은 곧 지혜가 있다는 뜻이다.
- 학교가 없는 곳이 있다면, 그곳은 사람이 사는 곳이 아니다.
- 기억력을 높이는 가장 좋은 방법은 감동하는 것이다.
- 값이 비싸고 비싼 진주를 잃어버렸을 때, 그것을 찾기 위해서는 값이 싼 양초를 사용한다.
- 고양이에게서는 겸손을 배울 수 있고, 개미에게서는 충직을 배울 수 있고, 비둘기에게서는 정절을 배울 수 있으며, 수탉으로부터는 재산을 지키는 권리를 배울 수 있다.

- 어린아이를 가르치는 일은 백지 위에 무엇인가를 채워 가는 것과 같다.
- 노인을 가르치는 일은 무엇인가 빽빽이 채워진 종이 위에 또다시 무엇인가를 채우도록 하는 것과 같다.
- 칼을 쥐고 일어서려는 사람은 책을 가지고 일어설 수 없다. 또한 책을 가지고 일어서려는 사람은 칼을 쥐고 일어서지 못한다.
- 향수를 파는 가게에 들어갔다가 나오면, 향수를 사지 않았더라도 향기가 묻어난다.
- 가죽공장에 들어갔다가 나오면, 가죽으로 만든 물건을 사지 않았더라도 역한 냄새가 난다.

되찾은 돈주머니

어떤 상인이 큰 도시로 물건을 사러 갔다. 그런데 며칠만 있으면 물건을 아주 싼값에 살 수 있다는 소식을 듣고 그때까지 기다리기로 작정했다. 그리고 몸에 지니고 있던 돈 전부를 사람들의 눈에 잘 띄지 않는 곳에 파묻어두었다.

그러나 다음 날 다시 그곳에 가보니 돈이 감쪽같이 사라지고 없었다. 아무리 생각해봐도 몰래 숨겨놓은 돈이 없어진 이유를 알 수가 없었다.

주변을 둘러보니 그리 멀지 않은 곳에 집 한 채가 보였다. 그가 그 집에 가까이 다가가서 살펴보니 그 집의 벽에 작은 구멍이 하나 뚫려 있었다. 그곳에 살고 있는 사람이 구멍으로 그의 행동을 유심히 살펴보고 있다가 나중에 그가 떠난 다음에 땅을 파서 훔쳐간 것이 틀림없는 것 같았다.

그는 그 집의 주인을 만나 은근히 떠보았다.

"저는 지방에서 물건을 사러 온 사람입니다. 주인께서는 이 큰 도시에 살고 계시니 저보다 세상 물정을 더 잘 아시리라고 생각되어 상의를 드리려고 왔습니다. 저는 은화 500개가 든 돈주머니와 800개가 든 돈주머니를 가지고 있었는데, 그중 작은 돈주머니를 저만 아는 곳에 묻어 놓았습니다. 나머지 큰 돈주머니를 어떻게 해야 할지 몰라 걱정입니다. 이것도 몰래 묻어두는 것이 좋을지, 아니면 누군가 믿을 만한 사람에게 맡겨두는 것이 좋을지 모르겠습니다."

그러자 집주인이 대답했다.

"나는 사람은 누구도 믿을 수 없다고 생각합니다. 내가 당신이라면 작은 돈주머니를 숨겨둔 곳에 큰 돈주머니도 숨겨두겠습니다."

상인이 돌아가자 욕심 많은 그 집주인은 훔쳐갔던 돈

주머니를 다시 제자리에 갖다 묻어놓았다. 상인은 숨어서 그의 행동을 지켜보고 있다가 그가 돌아가자 돈주머니를 파내어 이내 길을 떠났다.

동물

- 동물은 유유상종이다. 늑대가 양과 함께 어울려 사는 법은 없으며, 하이에나가 개와 함께 사는 법도 없다. 부자와 가난한 사람의 생활도 마찬가지이다.
- 여우의 머리가 되기보다는 차라리 사자의 꼬리가 되어라.
- 고양이와 쥐도 함께 먹이를 먹는 동안에는 싸우지 않는다.
- 개 한 마리가 짖기 시작하면 다른 개들도 따라 짖는다.

위생관념

유대인은 특히 보건 위생관념이 철저하다. 몇 가지 사례를 들어보자.

- 물을 마실 때는 사용하기 전에 컵을 닦고, 사용한 뒤에는 다시 닦아야 한다.
- 자기가 사용한 컵을 닦지 않은 채 남에게 주어서는 안 된다.
- 안약을 눈에 넣는 것보다는 아침저녁에 물로 눈을 씻는 것이 더 낫다.
- 의사가 없는 고장에서 살아서는 안 된다.

- 화장실에 가고 싶을 때는 잠시도 참지 말고 곧장 해결해야 한다.

현명한 사람의 조건

현명한 사람이 되려면 다음의 일곱 가지를 다 지켜야 한다.

1. 자기보다 잘난 사람 앞에서는 말을 삼간다.
2. 상대방의 말을 끊지 않고 끝까지 경청한다.
3. 대답할 때 침착하게 행동한다.
4. 질문할 때는 언제나 요점만 물어본다. 대답할 때는 조리 있게 답한다.
5. 일의 앞뒤를 분명히 한다.
6. 모르는 것이 있으면 모른다는 것을 솔직하게 인정

한다.

7. 진실은 진실로 받아들인다.

돈

- 돈은 하느님이 마련해준 선물을 살 수 있는 기회를 제공한다.
- 돈은 나쁜 것이 아니며, 저주의 대상도 아니다. 그것은 인간의 축복을 위한 것이다.
- 재산이 많으면 튼튼한 요새를 갖고 있는 것과 같고, 재산이 없으면 폐허를 갖고 있는 것과 같다.
- 몸은 마음에 의해 좌우되고, 지갑은 크기에 의해 좌우된다.
- 사람이 마음에 상처를 입는 경우는 고민이나 불화가 있을 때이거나 지갑이 텅 비어 있을 때다. 특히 지갑

이 비어 있을 때 가장 큰 상처를 입는다.

- 돈이란 물건을 사거나 장사를 하는 데 쓰는 것이지, 술을 마시는 데 허비하는 것이 아니다.
- 몸은 마음에 의존하게 마련이고, 마음은 돈지갑에 의존하게 마련이다.
- 돈을 차용해준 사람에게는 화를 내지 말고 참아야 한다.
- 돈과 물건은 거저 주는 것보다는 빌려주는 편이 더 낫다. 돈이나 물건을 거저 얻으면 얻은 사람이 준 사람보다 아래의 입장이 되지만, 빌려주면 서로 동등한 입장이 되기 때문이다.

아이를 지킨 개

모두 외출한 집에 개 한 마리가 집을 지키고 있었다. 그 집 거실에는 커다란 우유 통이 있었는데, 독사 한 마리가 기어 들어와 어슬렁거리다가 유유 통에 빠지고 말았다.

독사는 허우적거리다가 간신히 빠져나갔지만 치명적인 독이 우유 속에 섞이고 말았다. 그 사실은 개만이 알고 있었다.

가족들이 돌아왔다. 아이가 우유 통에 가까이 다가오자 개가 무섭게 짖어댔다. 그래도 가족들은 개가 왜 그렇게 소란을 피우는지 알 수 없었다.

아이가 우유를 마시려 할 때, 갑자기 개가 덤비는 바람에 우유가 모두 엎질러지고 말았다. 개는 그것을 핥아먹었다. 그러고는 곧 죽어버렸다.

그제야 가족들은 그 우유에 독이 들어 있었다는 것을 알았다. 가족들은 개를 끌어안고 모두 슬픔에 잠겼다.

당나귀를 따라온 다이아몬드

어떤 랍비가 생계를 위해 나무 장사를 하고 있었다. 산에서 나무를 베어 마을에 가져다 파는 데는 생각보다 시간이 많이 걸렸다. 그는 공부를 좀 더 많이 하고 싶어서 당나귀를 한 마리 사서 시간을 절약하기로 했다.

어느 날 그는 마을의 아랍 상인으로부터 당나귀를 한 마리 사들였다. 그러자 그의 제자들이 더 기뻐하며 당나귀를 냇가로 데려가 물로 씻기 시작했다.

그런데 당나귀를 씻겨주던 제자가 갈기에 다이아몬드가 붙어 있는 것을 발견했다. 제자들은 스승이 이제 드디어 가난에서 벗어나 자기들을 마음 놓고 가르칠 수 있게 되었다면서 만세를 불렀다. 그러나 랍비는 제자들에게 따끔하게 일침을 놓으며 그것을 당나귀를 판 사람에게 돌려주라고 일렀다.

"내가 산 것은 당나귀일 뿐이지, 다이아몬드가 아니다. 그러니 그것은 주인에게 돌려줘야 한다."

랍비가 아랍 상인에게 다이아몬드를 돌려주자 그도 받기를 거부했다.

"사 간 당나귀에서 다이아몬드가 나왔다면, 그것은 당신 것입니다."

랍비도 자신의 고집을 꺾지 않았다.

"우리의 전통으로는 돈을 내고 산 물건 외의 다른 것은 가질 수가 없습니다."

이에 아랍 상인은 그의 신앙심에 다시 한번 경의를 표했다.

아름다운 행위

죽은 사람의 무덤을 찾아 넋을 기리는 것은 아주 아름다운 행위이다.

병문안에 대한 감사 인사는 환자의 병이 나으면 받을 수도 있지만, 죽은 사람에 대한 참배는 감사 인사를 받을 수 없기 때문이다.

감사 인사를 바라지 않는 행위야말로 진정 아름다운 행위이다.

선과 악의 동행

옛날 대홍수가 이 세상을 휩쓸자, 온갖 동물이 노아의 방주로 몰려들어 구원을 요청했다.

이때 선(善)도 급히 달려왔으나, 노아는 짝이 없는 것은 배에 태워줄 수 없다며 매정하게 승선을 거부했다. 선은 하는 수 없이 다시 숲으로 돌아가, 자기 짝인 악(惡)을 찾아서 데리고 왔다.

이때부터 선이 있는 곳에는 언제나 악이 함께 있게 되었다.

두려워하는 것

한 랍비가 로마에 갔는데, 다음과 같은 벽보가 길거리 여기저기에 나붙어 있었다.

왕비께서 잃어버린 보석을 30일 안에 찾아주는 사람에게는 후한 상을 내리겠다. 그러나 30일이 지나면, 그 보석을 가지고 있는 사람이 누구든 지위 여부를 막론하고 극형에 처할 것이다.

그런데 랍비는 우연히 그 보석을 손에 넣게 되었다. 그는 보석을 그대로 가지고 있다가 31일째 되는 날 왕궁으로 가서 왕비에게 돌려주었다. 의아한 표정으로 왕비가 물었다.

"한 달 전에 붙여놓았던 벽보를 못 보았어요?"

랍비가 보았다고 대답하자 왕비가 다시 물었다.

"그런데 왜 30일이 지나도록 그것을 가지고 있었나요? 하루만 일찍 가져왔더라도 당신은 후한 상을 받았을 텐데, 목숨이 아깝지 않은가요?"

그러자 랍비가 대답했다.

"제가 30일 이전에 보석을 가지고 왔다면, 세상 사람들은 저에게 손가락질을 했을 겁니다. 제가 왕비님을 두려워하고 있다고 말입니다. 오늘까지 기다렸다가 가져온 이유는, 제가 두려워하는 게 왕비님이 아니라 오직 신(神)뿐이라는 사실을 사람들에게 알려주고 싶었기 때문입니다."

랍비의 설명을 들은 왕비는 존경을 가득 담아 말했다.

"이토록 철저히 신을 받드는 당신에게 깊은 경의를 표합니다."

사자 목의 가시

짐승의 뼈가 사자의 목에 걸렸다. 동물의 왕 사자는 목구멍에 걸린 뼈를 꺼내주면 큰 상을 내리겠다고 말했다.

그러자 학이 날아와 사자를 구해주겠다고 말했다. 학은 사자의 입을 크게 벌리게 하고, 머리를 그 속으로 넣어 사자의 목구멍에 걸린 뼈를 긴 주둥이로 뽑아냈다.

"사자님, 어떤 상을 주시겠습니까?"

학이 묻자 사자는 화를 벌컥 내며 말했다.

"내 입 속에 머리를 집어넣었다가 살아난 것만 해도 큰 상인 줄 알아라. 너는 그런 위험한 처지에서 살아나온 것을 남들에게 자랑할 수가 있다. 또한 살아가면서 힘든 상황에 처할 때는 이것을 생각하며 위로를 삼을 수도 있지 않느냐. 그러니 다른 상이 또 무엇이 필요하겠느냐?"

닭의 재판

갓 태어난 아기가 요람 속에 누어서 쌔근쌔근 잠을 자고 있었다. 이때 닭 한 마리가 나타나 아기의 머리를 날카로운 부리로 쪼았다. 아기는 결국 그 상처로 인해 죽고 말았다.

아기를 쪼아 죽인 닭은 재판을 받게 되었다. 그 사건을 목격했던 사람들이 나서서 증언을 했다. 마침내 닭은 유죄판결을 받고 사형에 처해졌다.

아무리 하잘것없는 짐승이라고 해도, 유죄가 확정되지

않는 한 함부로 처단할 수 없다는 점을 깨우쳐주는 일화이다.

상거래

어떤 랍비가 땅을 흥정하고 있었다. 거의 계약이 성사될 무렵, 다른 랍비가 나타나 그 땅을 계약해버렸다. 이 장면을 목격한 사람이 땅을 산 랍비에게 힐난하듯이 물었다.

"빵집에서 과자를 사기 위해 과자를 골라놓은 사람이 있다고 칩시다. 그런데 다른 사람이 나타나, 그 과자를 달라고 하면서 돈을 내민다면 어떻게 해야 하겠습니까?"

갑작스러운 그의 질문에 땅을 산 랍비는 얼떨결에 대답했다.

"참 나쁜 사람이군요."

그러자 그가 말했다.

"그렇게 생각하는 사람이, 남이 흥정하고 있는 땅을 가로채 계약하다니, 그게 말이나 되는 일입니까?"

땅을 산 랍비는 몹시 부끄러웠다. 그러나 땅을 사자마자 되파는 것은 재수 없는 일로 여겨졌으므로, 먼저 와서 땅을 사려고 했던 랍비에게 자기가 산 땅을 그냥 선물로 주겠다고 말했다. 그러나 그 랍비는 공짜로 남의 물건을 받는 것은 싫다면서 거절했다.

결국, 땅을 산 사람은 그 땅을 학교에 기부했다.

담장

유대인의 격언에는 "1미터의 담장이 10미터의 담장보다 낫다."라는 말이 있다. 1미터 길이의 담장은 오랫동안 똑바로 서 있을 수 있지만, 10미터의 담장은 쉽게 무너질 수 있기 때문이다.

자백

유대인의 법에서는 자기 자신에게 불리한 증언을 하는 것은 무효라서 자백이 인정되지 않는다.

유대인의 오랜 경험에 비추어볼 때, 자백이라는 것은 흔히 고문에 의해 얻어지는 경우가 비일비재하다는 것을 알고 있기 때문이었다.

이스라엘에서는 지금도 자백으로 고한 죄는 인정하지 않고 무효로 여긴다.

자선의 대가

어느 지방에 아주 큰 규모의 농장이 있었는데, 그 농장의 주인은 자선에 힘쓰는 인물로 알려져 예루살렘 근방에서는 많은 사람에게 존경을 받고 있었다. 매년 랍비들이 그 농장 주인을 찾아가면, 그는 서슴없이 후한 헌금을 내놓고는 했다.

그러던 어느 해 몹시 심한 폭풍우가 불어닥쳐 과수원이 모두 망가지고, 게다가 전염병까지 퍼져 키우던 양과 소 등의 가축이 모두 죽고 말았다. 이렇게 되자 그에게 자본금을 융통해준 채권자들이 몰려와 그의 재산을 몽땅 압류해버렸다. 이제 그에게 남은 것이라곤 자투리땅밖에 없었다.

하지만 농장 주인은 '하느님이 주신 것을 하느님이 찾아가신 것이니 할 수 없지 않은가.' 하고는 태연했다. 농장 주인이 망해버린 그 해에도 랍비들이 찾아왔고, 랍비들은 그 많던 재산을 모두 잃어버린 농장 주인을 위로하였다. 이때 주인의 아내는 남편에게 이렇게 의논했다.

"여보, 우리 부부는 해마다 랍비들에게 헌금을 하여 학교를 세우거나 회관을 유지하고, 가난한 사람들과 노인들을 위해 쓰도록 도왔는데, 올해는 아무것도 내놓을 게 없네요. 그렇다고 저분들을 그냥 가게 할 수도 없으니 어떻게 하면 좋겠어요?"

그들 부부는 랍비들을 빈손으로 돌아가게 할 수는 없다고 생각하고, 남아 있는 자투리땅의 절반을 팔아서 헌금한 후 나머지 땅을 일구어 농사를 짓기로 결심했다. 랍비들은 뜻밖의 헌금을 받고는 무척 놀랐다.

그 뒤 농부가 절반만 남은 자투리땅을 갈고 있던 어느 날, 밭을 갈고 있던 소가 갑자기 쓰러졌다. 그래서 흙탕에 쓰러진 소를 끌어냈다. 그런데 그 소의 발밑에서 보물이

쏟아져 나오는 것이 아닌가. 그 보물을 팔아, 부부는 다시 옛날처럼 큰 농장을 경영하게 되었다.

이듬해에 랍비들이 다시 찾아왔다. 랍비들은 아직도 그 농부가 가난하고 어렵게 살고 있는 것이라 여기고, 예전의 그 작은 땅으로 찾아갔다. 그런데 농부는 보이지 않았고, 주위의 사람들이 이렇게 일러주었다.

"그 사람들은 이제 여기서 살지 않아요. 저쪽의 큰 집에서 살고 있답니다."

랍비들은 농장 주인이 살고 있는 큰 집으로 갔다. 주인은 1년 동안 겪은 일들을 들려주면서, 남을 위해 자선하면 그 대가가 반드시 돌아온다고 말했다.

부자와 현인

"부자와 현인 중 어느 쪽이 위대합니까?"

"그야 말할 것도 없이 현인 쪽이지."

"그렇다면 왜 부자의 집에는 학자나 현인들이 드나드는데 현인 집에는 부호가 시중들고 있지 않는 건가요?"

"현인은 영리해서 돈이 필요하다는 것을 알고 있으나 부자는 현인으로부터 지혜를 배워야 한다는 것을 모르고 있기 때문이지."

노인과 묘목

어떤 노인이 정원에 묘목을 심고 있었다. 마침 그때 그 곳을 지나던 젊은 사람이 노인에게 그 묘목을 심는 이유를 물었다.

"할아버지, 그 나무에 열매가 열리려면 얼마나 걸릴까요?"

노인이 대답했다.

"70년 정도 지나면 열리겠지요."

노인의 대답에 젊은 사람이 다시 물었다.

"할아버지께서 그렇게 오랫동안 사실 수 있겠습니까?"

그러자 노인이 이렇게 대답했다.

"내가 어렸을 때 우리 집 과일나무에는 열매가 주렁주

렁 열려 있었지요. 그것은 내가 태어나기 전에 이미 아버님께서 나를 위해 묘목을 심어놓으셨기 때문이오. 나도 아버님과 똑같은 일을 하고 있는 것이라오."

잔치에 초대받은 두 신하

어떤 왕이 신하들을 위해 잔치를 베풀 예정이었다. 그러나 잔치가 열리는 시간은 알려주지 않았다.

현명한 신하는 왕이 베푸는 잔치에 언제나 출석할 수 있게끔 모든 준비를 마치고 대궐 앞에서 왕의 초대를 기다리고 있었다. 그러나 어리석은 신하는 잔치를 준비하려면 시간이 꽤 오래 걸릴 테니 날짜가 나중에 잡힐 것이라고 여겨 느긋하게 행동했다.

이내 대궐에서 잔치가 열리자, 현명한 신하는 바로 참석하여 왕이 베풀어 준 맛있는 음식을 즐길 수 있었다. 하지만 어리석은 신하는 잔치에 참석할 여유조차 없었다.

랍비의 선행

위대한 랍비 힐렐이 급한 걸음으로 걸어가고 있었다. 학생들이 그를 발견하고 물었다.

"스승님, 무슨 일로 이렇게 급히 가십니까?"

힐렐이 대답했다.

"선행을 하기 위해 급히 가고 있는 중일세."

그 대답을 듣고 학생들이 모두 힐렐의 뒤를 따라갔다. 그런데 힐렐은 공중목욕탕으로 들어가 자신의 몸을 씻기 시작하는 것이 아닌가. 뒤따라간 학생들이 놀라서 힐렐에게 물었다.

"스승님, 이것이 선행입니까?"

그러자 힐렐이 이렇게 대답했다.

"인간이 자신을 청결하게 만드는 일이야말로 커다란 선행이다. 로마인을 보라. 그들은 많은 동상을 닦고 있지만, 동상을 씻는 것보다 자신을 씻는 편이 훨씬 좋은 것이다."

하늘 지붕

유대인 사회에서는 남자아이가 태어나면 삼나무 묘목을 심고, 여자아이가 태어나면 소나무 묘목을 심는 풍습이 있다. 그리고 결혼할 때, 그 삼나무 가지와 소나무 가지로 하늘 지붕을 만들어 두 사람을 덮어준다.

신부가 하늘 지붕 밑으로 들어가는 것은 누구나 알고 있으나, 그다음에 하늘 지붕 밑에서 어떤 일이 일어나는가에 대해서는 누구도 말하지 않는다.

자식

어떤 사람이 아들에게 유서를 남겼다.

"나의 전 재산을 아들에게 물려주되, 아들이 정말 바보가 되기 전에는 유산을 물려줄 수 없다."

이 소식을 들은 랍비가 그에게 와서 이유를 물었다.

"정말 이해할 수 없는 유언이군요. 당신의 아들이 정말 바보가 되지 않는 한 재산을 물려줄 수 없다니 도대체 무슨 까닭입니까?"

그러자 그 사람은 아무 말 없이 갈대를 입에 물고 괴상한 울음소리를 내며 마루 위를 엉금엉금 기어다녔다. 이와 같은 그의 행동은 자기 아들이 자식을 낳은 후 그 자식을 귀여워하면 자기의 전 재산을 상속시키겠다는 것을 암시하고 있었다.

'자식이 태어나면 인간은 바보가 된다.'라는 속담은 여기에서 비롯된 것이었다. 유대인에게 자식은 매우 소중한 존재로서, 부모는 자식을 위해 모든 것을 희생한다.
하느님이 유대 민족에게 십계명을 내리면서, 그들로부터 반드시 십계명을 지키겠다는 맹세를 받고자 했다.
유대인은 그들의 위대한 조상인 아브라함과 이삭과 야곱의 이름을 걸고 반드시 십계명을 지키겠노라고 맹세했다. 그러나 하느님은 허락하지 않았다. 다시금 유대인은 앞으로 손에 넣게 될 모든 부귀를 걸고 맹세했지만, 하느님은 역시 허락하지 않았다.
마지막으로 유대인은 자식들에게 반드시 십계명을 전하겠노라고 자식들을 앞세워 맹세했다. 그러자 하느님은 비로소 허락하여 십계명을 내렸다.

착한 사람

세상에는 필요한 것이 네 가지 있다. 금과 은과 철과 구리다. 이것은 절대로 대용품을 찾을 수 없다. 결코 다른 어떤 것으로도 바꿀 수 없으면서 동시에 세상에 꼭 필요한 것이 바로 착한 사람이다.

착한 사람은 큰 야자나무처럼 무성하게, 레바논의 큰 삼나무처럼 늠름하게 하늘 높이 치솟아 있는 존재다. 야자나무는 한 번 잘라버리면 다음에 싹이 터 자랄 때까지 4년이라는 세월이 걸리고, 레바논의 삼나무는 아주 멀리에서도 볼 수 있을 만큼 높게 자란다.

유대 민족 공동체

한 무리의 사람들이 함께 배를 타고 항해하고 있었다. 그런데 어떤 한 사람이 자기가 앉아 있는 배 밑바닥에 끌로 구멍을 내는 것이었다. 사람들이 놀라서 웅성거리며 그를 나무랐지만 그는 조금도 거리낌 없이 이렇게 말했다.

"여기는 내가 앉아 있는 자리이니, 내가 무슨 짓을 하든지 그건 내 자유 아닙니까?"

그로부터 얼마 후에 구멍으로 물이 들어와 배는 가라앉았고, 구멍을 낸 사람을 포함해 모두가 물에 빠지고 말았다.

《탈무드》에서는 유대인 모두가 가족이며 가까운 형제라고 가르친다. 가족과 형제가 어떻게 되든 상관없이 자기 혼자만 생각해 마음대로 행동한다면, 유대인의 이름에 먹칠을 하는 것이다.

살아 숨 쉬는 바다

이스라엘의 요단강 근처에는 큰 호수가 몇 개 있다. 그중 하나가 사해(죽은 바다)와 히브리어로 '살아 숨 쉬는 바다'라고 불리는 호수가 있다.

사해는 다른 곳에서 물이 들어오기는 하지만 빠져나가지는 않는다. '살아 숨 쉬는 바다'는 다른 곳에서 물이 들어오기는 하고 다른 곳으로 빠져나가기도 한다.

자선을 베풀지 않는 사람은 사해이다. 돈이 들어오기만 하고 나가지를 않는다. 사해에서는 아무것도 살지 못한다. 자선을 베푸는 사람은 살아 숨 쉬는 바다이다. 돈이 들어오기도 하고 나가기도 한다. 그 바다에는 온갖 생물이 살고 있다. 우리는 살아 숨 쉬는 바다가 되어야 한다.

유대인은 이 세상의 어느 민족보다도 불우이웃을 위한 자선을 중요시하는 민족이다. 그럼에도 불구하고 오늘날의 유대인 중 일부는 자선을 하라고 꼭 권해야만 하는 경우가 있을 뿐 아니라, 강요하지 않으면 자선에 조금도 애쓰지 않는 사람들도 있다. 이런 경우에 랍비는 이 이야기를 해준다.

왕이 된 노예

착한 마음씨를 가진 부자가 있었다. 그는 거느리고 있던 노예에게 '해방시켜줄 테니, 어디든지 좋은 곳으로 가서 행복하게 살라.'라며 많은 물건을 내주었다.

구속의 사슬에서 풀려난 노예가 배를 타고 넓은 바다로 나아갔을 때 심한 폭풍우가 몰아쳤다. 그 때문에 배가 바다에 침몰하면서 그가 배에 가득 실었던 물건도 모두 바다 속에 잠기고 말았다.

운 좋게도 노예는 배에서 빠져나와 열심히 헤엄을 친 끝에 가까운 섬에 도착하게 되었다. 간신히 목숨은 구했지만 결국 모든 것을 잃게 된 노예는 커다란 슬픔에 잠겨

땅바닥에 주저앉은 채 신세를 한탄했다.

어느 정도 시간이 흐른 후 정신을 차린 노예는 섬 주변을 살펴보다가 큰 마을을 발견했다. 이때 그는 옷을 하나도 걸치지 않은 벌거숭이 신세였다. 하지만 그가 마을에 다다르자 마을 사람들이 모두 환호성을 지르며 그를 맞았다.

"와! 왕이다, 만세!"

"만세!"

그는 생각지도 못했던 왕의 자리에 올라, 호화스러운 궁전에서 살게 되었다. 그 생활은 마치 꿈만 같았다. 도저히 믿을 수 없는 현실이었기에 그는 한 사람을 잡고 물어보았다.

"알거지나 다름없는 내가 이곳에서 왕이라니 도대체 어떻게 된 일인가?"

그러자 그 사람이 대답했다.

"이곳은 산 사람들이 사는 세계가 아니라 영혼의 세계입니다. 그래서 일 년에 한 번씩, 산 사람이 이 섬에 나타나면 그를 왕으로 모십니다. 그러나 염두에 두십시오. 일 년이 지나면 당신은 이 섬에서 쫓겨나 샘물이나 먹을 것이라고는 찾아볼 수 없는 외딴 섬으로 보내질 것입니다."

왕이 된 노예는 그의 말이 고마웠다.

"정말 고맙소. 지금부터라도 일 년 뒤를 대비해서 여러 가지 준비를 해야겠습니다."

그는 이후 사막과 같은 외딴 섬에 가서 꽃도 심고 과일 나무도 심었다. 마침내 일 년이 지났다. 그리고 노예는 왕의 자리에서 쫓겨나, 처음으로 그 섬에 도착했을 때처럼 벌거숭이인 채로 죽음의 섬으로 떠나게 되었다.

그러나 그가 외딴 섬에 도착했을 때, 사막처럼 황폐했던 그 섬은 온갖 꽃이 만발하고 과일들이 주렁주렁 열린 신천지가 되어 있었다. 그리고 그보다 먼저 그 섬으로 쫓겨난 사람들이 그를 반갑게 맞아주었다. 그리하여 그는 그들과 함께 행복하게 살게 되었다.

이 이야기에서 맨 처음에 등장하는 착한 마음씨를 가진 부자는 자애로운 하느님을, 노예는 사람의 영혼을 뜻한다. 그리고 그가 오르게 된 첫 번째 세상은 이 세상이며, 그곳에 살고 있던 사람들은 인류이다. 일 년 후에 쫓겨나서 가게 된 사막과도 같은 외딴 섬은 죽음 이후의 내세이다. 또한 그가 심은 꽃과 과일나무들은 선행을 상징한다.

하늘이 맡긴 보석

안식일에 랍비가 교회에서 설교를 하고 있는 동안, 집에 있던 그의 두 아이가 갑자기 죽는 일이 발생했다. 랍비의 아내는 아이들의 시신을 2층으로 옮겨놓고, 흰 천으로 덮어두었다. 랍비가 집에 돌아오자, 아내가 조심스럽게 물었다.

"당신에게 하나 물어봐야 할 게 있어요."

아내의 느닷없는 말에, 랍비가 어리둥절한 표정을 지으며 되물었다.

"무슨 일인데 그렇게 정색을 하고 묻소?"

아내가 말했다.

"얼마 전에 어떤 사람이 귀중한 보석을 맡기면서 잘 보관해 달라고 했는데, 오늘 갑자기 나타나서는 그것을 돌려 달라고 하더군요. 그래서 돌려주었어요. 내 행동이 잘한 것인지 알고 싶어요."

랍비는 별것도 아닌 일을 가지고 심각하게 질문하는 아내가 실없다는 생각을 했다.

"보석을 맡긴 주인이 돌려 달라고 하면, 언제라도 돌려주는 게 도리 아니오?"

그러자 그의 아내가 참았던 울음을 터뜨리며 말했다.

"하늘이 우리에게 준 보석 두 개를 다시 돌려 달라고 하면서 오늘 가지고 갔어요."

랍비는 그제야 아내의 말뜻을 알아차리고 아무 말도 하지 않았다.

유대의 은둔자

만일 유대인이 인간 세상을 떠나 10년 동안 오직 한 가지만 공부했다면, 그는 10년 후에 하느님께 제물을 바치고 용서를 빌어야 할 것이다.

왜냐하면 아무리 훌륭한 공부라 해도 인간사회로부터 자기 자신을 고립시키는 것은 죄악이기 때문이다. 그래서인지 유대인 사회에는 은둔자가 없다.

죽음

화물을 가득 실은 배 두 척이 바다에 떠 있었다. 그중 한 척은 막 출항할 차비를 하고 있었고, 또 한 척은 방금 항구에 입항한 상태였다. 이러한 경우, 대부분의 사람은 출항하는 배에 대해서는 떠들썩하게 환송을 하지만, 입항하는 배에 대해서는 별다른 환영의 모습을 보이지 않는다.

이는 대단히 그릇된 습관이다. 출항하는 배의 앞날은 풍랑을 만나 어떤 고난을 당할지도 모른다. 그런데도 떠들썩하게 환송하는 것은 이상하지 않은가. 오히려 오랜 항해를 끝내고 무사히 귀향한 배는 진정으로 기쁘게 영접해주어야 한다. 이 배야말로 어려운 모든 역경을 뚫고 맡은 바 책임을 완수했기 때문이다.

우리가 살아가는 인생길의 경우도 이와 같다고 할 수 있다. 우리는 갓 태어난 아이에게 많은 축복을 보낸다. 하지만 갓 태어난 아이야말로 앞으로 어떠한 고난을 겪을지, 또는 얼마 살지 못하고 도중에 죽을지, 아니면 흉포(凶暴)한 살인범이 될지 아무도 모른다.

이제 막 항해를 떠나는 배와 같이 갓 태어난 아이에게 축복을 보내는 것은 분명 모순이 있다. 진정한 축복은 사람이 죽음이라는 영원한 잠에 들었을 때 보내야 한다. 그가 험난한 인생을 어떻게 헤치며 살아왔는지를 많은 사람이 알고 있으므로, 이때야말로 진정한 축복을 보내야 하는 것이다.

필연

솔로몬 왕에게는 아주 귀엽고 영리한 딸이 하나 있었다. 솔로몬 왕이 어느 날 잠을 자는데, 딸의 신랑 될 사람의 모습이 꿈속에 나타났다. 그런데 그 모습이 자기 딸과는 영 어울리지 않아 보였다.

솔로몬 왕은 두 사람의 결합이 정녕 하늘의 뜻인지 시험해보기로 작정했다. 그리하여 자신의 딸을 작은 외딴섬에 있는 별궁으로 보낸 다음, 다른 사람과의 접촉을 금지시켰다. 별궁 주위에 담을 높게 둘러친 것을 비롯하여 경비병들을 빽빽하게 배치시켜 놓았고, 별궁 출입 열쇠까지 회수했다.

한편, 솔로몬 왕이 꿈속에서 보았던 청년은 홀로 들판을 헤매고 있었다. 그러다가 날이 저물어 기온이 내려가자, 죽은 사자의 사체 속에 들어가 잠을 잤다. 그때 커다란 새가 날아와 사자를 낚아채어 날아갔다.

하늘을 날던 새는 얼마쯤 힘에 겨워 그만 사자를 떨어뜨리고 말았다. 그런데 사자가 떨어진 곳이 공교롭게도 솔로몬 왕의 딸이 갇혀 있는 바로 그 별궁이었다.

그 덕택에 사자의 사체 안에서 잠자고 있던 청년은 솔로몬 왕의 딸을 만나게 되었으며, 두 사람은 곧 서로 사랑에 빠지게 되었다.

이 세상에서 일어날 일은 반드시 일어나고 만다.

유대의 신

어떤 배에 각국에서 온 사람들이 함께 타고 있었다. 그런데 갑자기 폭풍이 몰아쳤다. 사람들은 제각기 자기 나라에서 믿고 있는 신에게 자기 방식대로 기도하기 시작했다.

그러나 폭풍은 점점 더 심해질 뿐이었다. 그러자 사람들은 일제히 유대인을 나무랐다.

"당신은 어째서 기도를 하지 않는 겁니까?"

많은 사람의 비난을 받은 유대인이 기도를 시작하자 신기하게도 폭풍이 곧 잠잠해졌다. 배가 항구에 닿자 사람들이 물었다.

"우리들이 정성껏 기도할 때는 아무런 효과도 없었는

데, 당신이 기도를 하자 폭풍이 잠잠해졌으니 도대체 어찌된 일입니까?"

그러자 유대인이 대답했다.

"나도 잘 모르는 일입니다. 그러나 여러분들은 제각기 여러분의 고장에서 믿고 있는 신에게 기도를 했습니다. 바빌로니아 사람은 바빌로니아 신에게 기도하고, 로마 사람은 로마 신에게 기도했습니다. 그런데 바다는 어느 나라에도 속해 있지 않습니다. 우리 유대의 신은 우주 전체를 지배하시는 위대한 신이기 때문에, 바다에서 기도한 나의 소원을 들어주신 것으로 믿습니다."

교사

유대인의 가정에서는 아버지가 자식들에게 《탈무드》를 가르친다. 그런데 이때 아버지가 자주 화를 내거나 지나치게 엄하게 대하면 자식들은 아버지가 무서워서 배울 마음을 상실하게 된다.

히브리어의 '아버지'라는 말에는 '교사'라는 뜻이 포함되어 있다. 가톨릭에서 신부를 'father'라고 부르는 까닭도 그 말이 지닌 히브리어적인 뜻 때문이다.

유대인 사회에서는 아버지보다 교사를 더욱 존귀하게 생각한다. 만일 아버지가 교사와 함께 감옥에 갇혔는데 그중 한 사람만을 구해낼 수 있는 상황이라면, 아이들은 교사를 데리고 나온다. 유대인에게는 지혜와 지식을 전해 주는 교사가 누구보다도 귀한 존재이기 때문이다.

화합

JCC(유대인 공동체 센터)는 유대인 사회에서는 보기 드문 단체 가운데 하나이다. 이 단체는 순수한 유대인만으로 만들어진 단체가 아니기 때문이다.

이곳에는 러시아, 영국, 프랑스, 이스라엘, 미국계 등 여러 계통의 유대인이 소그룹을 이루고 있다. 그렇기 때문에 유대 계율을 엄격히 지키는 사람이 있는가 하면 그렇지 않은 사람이 있고, 또 자선에 힘쓰는 사람이 있는가 하면 그렇지 않은 사람이 있는 등 여러 부류의 사람들이 제각각 개성을 드러내고 있다. 따라서 무엇이라고 한마디로 성격을 규정 짓기 어렵다.

이러한 단체에서는 일종의 긴장 상태가 항상 존재할 수 밖에 없다. 실제로 이 단체는 한때 두 그룹으로 분리되어 서로 반목하는 위기를 맞았다. 이에 대해 랍비는《탈무드》에 있는 한 구절을 들려주어 그들을 다시 화합시켰다.

"한 가닥의 갈대는 쉽게 부러지지만, 갈대 백 개를 한 묶음으로 만들면 몹시 단단하다. 개들을 떼로 한데 모아 놓으면 서로 싸우지만, 늑대가 나타나면 싸움을 그치고 힘을 합친다."

2장

더불어 사는 삶에 필요한 지혜

혀 1

이곳저곳을 돌아다니며 '행복하게 사는 비결'을 파는 장사꾼이 있었다. 그가 가는 곳에는 항상 많은 사람이 몰려들어 그 비결을 너도나도 사겠다고 아우성을 쳤다.

어느 날, 그 장사꾼은 여느 때처럼 어떤 동네의 골목에서 '행복하게 사는 비결'을 판다고 큰 소리로 외쳤다. 그러자 이번에도 많은 사람이 모여들었다. 그들 중에는 랍비도 몇 사람 끼어 있었다. 사람들이 서로 질세라 그 비결을 사겠다고 나섰다.

"내게 파세요."

"나도 사겠습니다."

그러자 장사꾼이 랍비들을 바라보며 이렇게 말했다.

"진실로 참되고 행복하게 사는 비결은 자기의 혀를 조심해서 사용하는 겁니다."

혀 2

어떤 유명한 랍비가 제자들을 위해 특별히 음식을 장만하여, 함께 식사하는 자리를 마련했다. 맛깔스럽게 차려진 음식 중에는 소와 양의 혀로 만들어진 요리도 있었다. 그런데 혀 요리 중에는 딱딱한 것도 있고, 부드러운 것도 있었다.

제자들이 부드러운 것에만 손을 대자, 그것을 보고 있던 랍비가 한마디 했다.

"너희들도 항상 혀를 부드럽게 하도록 해라. 혀가 딱딱해지면 다른 사람을 화나게 만들거나 서로 싸움의 불씨를 만들게 되니까."

혀 3

어느 날 랍비가 아랫사람에게 시장에 가서 맛있는 음식을 사오라고 시켰다. 그런데 그가 사온 것은 모두 혀뿐이었다.

며칠 뒤 랍비는 같은 사람에게 또다시 장에 가는 심부름을 시키며 이번에는 값이 좀 싼 것을 사오라고 당부했다. 그런데 이번에도 그가 사온 것은 모두 혀뿐이었다.

랍비는 언짢은 기색으로 이유를 물었다.

"맛이 있는 것을 사오라고 해도 혀를 사오고, 싼 것을 사오라고 해도 혀를 사온 이유가 도대체 뭐냐?"

그러자 심부름을 했던 아랫사람은 이렇게 대답했다.

"맛있고 좋은 것이라면 좋은 혀가 그에 해당되고, 또 맛없고 싼 것이라면 안 좋은 혀가 바로 그에 해당되기 때문입니다."

거미와 모기 그리고 미치광이

다윗 왕은 거미를 무척이나 싫어하는 사람이었다. 지저분하게 아무 데나 줄을 치는 모습을 볼 때마다 아무짝에도 쓸모없는 벌레라고 생각하곤 했다.

어느 날, 다윗 왕은 전쟁터에서 적군에게 포위되어 자기 한 몸조차 빠져나갈 수 없는 상황에 처했다. 다급해진 그는 결국 동굴 속에 몸을 숨기게 되었는데, 마침 그 동굴 입구에서 거미 한 마리가 거미줄을 치고 있었다.

그를 추격하던 적군의 병사들이 뒤따라 바로 그 동굴 앞까지 왔다. 하지만 그들은 동굴 입구에 거미줄이 쳐져 있는 것을 보고 안에 사람이 들어가 있으리라고 생각 못하고 그대로 돌아갔다.

또 언젠가, 다윗 왕은 적장이 잠자고 있는 방에 몰래 들어가 그의 칼을 훔쳐내는 것으로 자신의 용맹을 보이고 적장을 굴복시키겠다는 계획을 세웠다. 하지만 좀처럼 그 기회를 잡을 수가 없었다.

그러던 어느 날 밤, 그는 어렵게 적장의 침실에 잠입했다. 하지만 칼이 적장의 다리 밑에 있어서 다윗 왕은 단념하고 돌아가려고 했다. 그런데 그 순간 갑자기 어디선가 날아 들어온 모기가 적장의 다리에 앉았다. 적장이 무의식중에 다리를 움직였고, 그 틈을 이용해 다윗 왕은 적장의 검을 빼낼 수 있었다.

또 다른 때, 다윗 왕은 적에게 포위되어 목숨을 잃을 만큼 위태로운 절체절명의 순간을 맞았다. 이때 그는 갑자기 미치광이 흉내를 내어 그 위험한 상황을 모면했다. 적의 병사들은 그 미치광이가 다윗 왕이라고는 생각하지 못했던 것이다.

이 세상에 전혀 쓸모없는 것이라고는 없다. 그러므로 아무리 미천하고 보잘것없어 보이는 것이라고 해도 무시해서는 안 된다.

가정의 평화

강연을 잘하기로 소문난 랍비가 있었다. 금요일에 열리는 그 강연에는 많은 사람이 찾아왔으며, 그의 설교를 듣고 감동받는 사람들이 적지 않았다.

그의 단골 청중들 중에는 여자도 한 명 있었다. 대개의 경우, 여자들은 금요일 밤이 되면 안식일에 쓸 요리를 만드느라 집에서 바쁘게 일하는 편이었다. 하지만 그녀는 랍비의 강연에 참석하기를 더 좋아했다.

어느 날 랍비의 강연이 좀 늦게 끝나는 바람에 그녀의 귀가가 늦어지자 남편이 문 앞에 나와 야단을 쳤다.

"내일이 안식일인데, 음식을 만들어놓을 생각은 하지

않고 이렇게 늦게까지 어디를 갔다가 오는 거요?"

"교회에서 랍비님의 설교를 듣고 오는 길이에요."

그녀의 말에 남편은 화를 냈다.

"랍비는 무슨 얼어 죽을 랍비야. 집안 살림도 제대로 못 하는 주제에! 가서 랍비의 얼굴에 침이나 뱉고 와. 그러기 전에는 집에 들어오지 마!"

그녀는 결국 집에 들어가지 못한 채, 남편과 헤어져 친구의 집에 머물게 되었다. 이 소식을 들은 랍비는 자신의 잘못으로 한 가정의 평화가 깨졌다는 것이 몹시 마음에 걸렸다. 랍비는 눈병이 났다는 핑계로 그녀를 부른 다음 이렇게 부탁했다.

"다른 사람의 침으로 씻으면 병이 낫는다고 하니, 내 눈에 부인의 침을 뱉어주시오."

랍비의 부탁이 어찌나 간절한지, 그녀는 그의 눈에 침을 뱉지 않을 수 없었다.

그녀가 돌아가고 난 뒤, 지켜보고 있던 랍비의 제자들이 그녀의 무례한 행동에 대해 성토하자, 랍비가 그들을 말리며 말했다.

"한 가정의 평화를 위해서라면 그보다 더 힘든 일을 해야 하는 경우도 있단다."

가난한 사람의 특징

어느 날 갑자기 벼락부자가 된 사람이 있었다. 랍비 힐렌은 그에게 말 한 필과 마부를 선물로 주었다. 그런데 어느 날 마부가 보이지 않았다. 그 벼락부자는 자신이 직접 말을 끌고 5,000킬로미터나 걸어서 갔다.

보트의 구멍

어떤 사람이 작은 보트 한 척을 가지고 있었다. 그는 따뜻한 날이면 식구들을 호수로 데리고 가서 함께 뱃놀이를 하고 낚시를 즐기기도 했다.

어느 해였다. 날씨가 추워지기 시작하자 그는 보트를 뭍으로 끌어 올렸다. 그런데 보트 밑바닥에 구멍이 하나 작게 뚫려 있는 것이 눈에 띄었다. 그러나 겨울이 지나서 날씨가 따뜻해지면 고쳐도 되겠거니 하는 생각으로 구멍 난 바닥을 고치지 않은 채 사람을 시켜 페인트칠만 새로 해두었다.

어느덧 시간이 흘러 다시 봄이 되었다. 아이들이 보트를 호수에 띄우자고 조르자, 그는 보트에 구멍이 나 있었다는 사실을 까맣게 잊은 채 무심결에 허락하고 말았다. 아이들이 보트를 타러 나간 지 두 시간가량 지났을 때, 그제야 보트에 구멍이 뚫려 있었다는 사실이 불현듯 떠올랐다.

수영을 할 줄 모르는 아이들이 걱정이 되어, 그는 황급히 밖으로 뛰어나갔다. 호숫가로 달려가니 이미 뱃놀이를 즐긴 아이들이 보트를 다시 끌고 돌아오고 있었다.

그는 한시름을 던 다음, 보트 밑바닥을 유심히 살펴보았다. 그런데 보트 밑에 뚫려 있던 구멍은 이미 막혀 있었다. 페인트공이 보트에 페인트칠을 하면서 고쳐놓은 것이 분명했다.

그는 고마운 마음을 전하기 위해 선물을 들고 페인트공을 방문했다. 그러나 페인트공은 한사코 그가 주는 선물을 사양하며 이렇게 말했다.

"페인트칠을 한 대가는 이미 받았습니다. 그러니 이 선물은 받을 수 없습니다."

그는 페인트공의 순박함에 다시 한번 감사의 뜻을 표시했다.

"정말 고맙습니다. 부탁도 하지 않았는데, 구멍 난 곳까지 손질을 해준 덕택에 제 아이들이 목숨을 건졌습니다. 정말 고맙습니다."

조그마한 선행이 남에게 얼마나 큰 도움을 주는가를 보여주는 이야기이다. 그러나 그러한 선행을 보통사람들에게 기대하기란 정말 힘든 일이다.

성공한 랍비의 눈물

고매한 성격과 탁월한 식견을 갖고 있어 많은 사람이 우러러보던 랍비가 있었다. 그는 언행이 고결하고 친절하고 자애심과 신앙심이 깊었다. 주의력이 세심해서 길을 걸을 때도 개미 한 마리조차 밟지 않도록 조심했다. 그러한 그를 제자들은 진심으로 존경했다.

나이가 여든이 된 그는 어느 날 몸져누웠고 자신의 죽음이 가까워졌음을 느꼈다. 그의 임종이 다가오자 제자들이 모두 그의 주위에 둘러앉았다. 그때 랍비는 갑자기 눈물을 흘리기 시작했다. 제자들은 깜짝 놀라 그 이유를 물었다.

"스승님, 왜 갑자기 눈물을 보이십니까? 스승님은 단 하루도 공부를 게을리하신 적이 없었고, 저희들을 가르치지 않은 날이 없었으며, 자비를 베풀지 않은 날이 없었습니다. 하느님을 가장 깊이 공경하는 분도 바로 스승님이십니다. 스승님은 이 나라에서 가장 존경받는 분이고, 정치와 같은 깨끗하지 않은 세계에는 단 한 번도 발을 들여놓으신 적이 없습니다. 스승님은 누구보다도 훌륭하고 성공적인 삶을 사셨는데, 이처럼 눈물을 흘리시는 까닭이 무엇입니까?"

제자들의 질문에 랍비는 이렇게 대답했다.

"그렇기 때문에 내가 우는 것이다. 마지막 순간 내 자신에게 '너는 공부를 깊이 했는가?', '너는 자비를 베풀었는가?', '너는 행실을 바르게 했는가?', '너는 하느님을 공경했는가?' 하고 묻는다면 나는 '그렇다.'라고 대답할 수 있다. 하지만 '너는 이웃들의 보통 생활에 어울려본 적이 있는가?' 하고 묻는다면, 나는 '아니오.'라고 대답할 수밖에 없다. 그것이 못내 후회스러워서 우는 것이다."

법률의 원칙

유대인은 새로운 법률을 만들 때 다음과 같은 원칙에 따른다.

'많은 사람이 지킬 수 없는 부당한 법률은 만들지 않는다.'

담보

만약 어떤 사람이 돈을 빌릴 때는 돈을 빌려줄 사람에게 담보를 설정해야 한다. 이러한 담보물이 둘 이상 있을 경우에 한하여 자기의 소유로 할 수 있다.

가령 옷을 담보로 잡아 돈을 빌려주었는데, 채무자에게 옷이 한 벌밖에 없을 경우에는 그것을 취할 수가 없다. 마찬가지로 집을 담보로 잡았는데 채무자가 그 집이 없으면 길거리에 나앉아야 할 형편인 경우에는 아무리 채권자라 해도 그 집을 자기 소유로 할 수가 없다. 그러나 단 하나밖에 가지고 있지 않은 것이라 해도, 그것이 사치품일 경우에는 예외가 된다.

생계를 유지하기 위한 필수품이 하나뿐일 땐 가질 수 없다. 당나귀 한 마리를 담보로 설정했는데, 그것을 생계를 위해 부리고 있다면 가질 수가 없다.

다만 채무자가 당나귀를 사용하지 않는 밤에는 그 당나귀를 채권자가 부릴 수 있다.

또 의복을 담보로 잡았을 경우, 추운 밤이 되면 그 옷을 되돌려주어야 한다. 그러나 채무자가 저녁에 그 옷을 찾으러 가는 것은 금지되어 있다. 옷은 채권자가 돌려주러 가야 하는데, 이는 인간의 자존심을 지켜주기 위해서이다.

동성애

랍비들에게 있어서 동성애는 용서할 수 없는 죄의 행위였다. 그리고 실제로 유대인에게서 동성애를 볼 수 있는 경우는 극히 드물었다.

'억세게 강인한 아버지와 자상하고 인자한 어머니'가 유대인 남녀의 이상적인 모습으로 간주되어 왔기 때문이다.

이혼을 면한 부부

결혼 10주년을 맞이한 부부가 있었다. 이들은 겉보기로는 퍽 행복하고 다정해 보이는 한 쌍이었다.

그런데 어느 날 남편 되는 사람이 랍비를 찾아가 이혼을 허락해 달라고 요청했다. 그 부부를 이미 알고 있었던 랍비는, 결혼생활에 어떤 문제가 있으리라고는 전혀 짐작하지 못해 이유를 물었다.

남편이 이야기하기를, 부부 사이에 아이가 없는 탓에 친척들로부터 이혼을 강요받아 왔다는 것이다. 유대의 전통에 따라, 결혼한 지 10년이 넘었는데도 아이를 얻지 못하면 이혼의 조건이 성립된다. 부부는 사실 헤어지기를 바라지 않았다. 하지만 가족과 친척들이 워낙 강하게 이혼을 요구하고 있어, 남편은 어쩔 수 없이 랍비를 찾아가 의논하게 되었던 것이다.

다음에 부부가 함께 랍비를 찾아갔을 때, 랍비는 두 사람의 진정한 사랑을 확인할 수 있었다. 일반적으로 대부분의 랍비들은 이혼에 대해서는 반대하는 입장이다. 한 번 결혼에 실패한 사람은 재혼을 해도 똑같은 실패를 되풀이할 수 있기 때문이다.

남편은 사랑하는 아내와 이혼을 하더라도 아내가 굴욕감을 느끼지 않도록 하기 위해 아무쪼록 평온한 가운데 헤어지기를 바랐다. 그래서 랍비는《탈무드》에서의 요령을 빌리기로 했다.

먼저 아내를 위한 성대한 잔치를 베풀고, 그 자리에서 지금까지 함께 살아온 아내가 얼마나 훌륭한 반려자였는지를 하객에 전하도록 권했다. 랍비의 조언을 들은 남편은 매우 기뻐하였다. 두 사람이 서로 싫어서 헤어지는 것이 아님을 사람들에게 밝혀두고 싶었기 때문이다.

아내가 소중하게 간직할 만한 것을 선물로 주고 싶다

며 남편이 의견을 구하자 랍비는 잔치가 끝난 다음 아내에게 '무엇이든 당신이 원하는 것 한 가지를 말하면 주겠나.'라고 말하라고 권했다. 그리고 아내에게도 같은 말을 하도록 권했다.

잔치가 끝난 후, 남편은 랍비의 권유대로 무엇이든 원하는 것 한 가지를 주겠다고 아내에게 말했다. 아내도 남편에게 같은 내용을 말했다.

다음 날 아침, 랍비가 입회한 자리에서 부부는 그에 대한 대답을 하기로 되어 있었다. 아내는 한 가지를 선택하였다. 바로 '남편'이었다. 남편도 그 한 가지를 '아내'라고 대답했다. 두 사람은 이혼을 취소하였다. 그 후 두 사람 사이에서는 자녀 둘이 태어났다.

부부 관계

월경 중에는 아내에게 성관계를 요구해서는 안 된다. 월경 후에도 7일간은 금지되어 있다. 아무리 부부 사이라 해도 이 기간에는 절대로 관계를 가질 수 없기 때문에 그 동안 서로에 대한 그리움이 깊어지게 된다. 따라서 금지 기간이 지나면, 부부는 새로운 밀월 관계를 유지할 수 있게 되는 것이다.

도둑질과 벌금

갑이라는 유대인이 남의 돈 100만 원을 훔쳤다고 가정해보자. 갑은 랍비의 재판을 통해 유죄를 선고받고 벌금을 가산하여 110만 원을 갚도록 판결을 받았다. 갑이 그 판결에 승복하여 110만 원을 모두 갚았다면, 유대인 사회에서는 갑을 다시금 전혀 전과가 없는 결백한 사람으로 대우해준다. 돈을 잃었던 쪽에서 그 돈을 모두 돌려받은 뒤에도 갑을 계속해서 도둑이라고 손가락질한다면 비방한 쪽이 나쁜 사람이 된다.

대개 도둑질한 사람에게는 약 20%를 웃도는 벌금이 매겨지게 되는데, 이때 엄격한 규칙이 적용된다. 예를 들어

'무엇을 훔쳤는가?', '그것을 사용하여 돈을 벌었는가?', '훔친 시간이 밤인가 아침인가?' 등 여러 가지 조건과 정황에 따라 벌금이 각각 달라진다.

《탈무드》에서는 말을 훔쳤을 때 가장 많은 벌금을 물리도록 되어 있다. 훔친 말을 사용하여 돈벌이를 할 수도 있으며, 반대로 말을 잃은 사람은 그만큼 어려움을 겪게 되기 때문이다. 말의 효용 가치를 오늘날의 관점에서 따져 본다면 화물차가 되겠는데, 이 경우에는 400% 이상의 벌금을 물게 된다.

도둑질에 대한 벌금을 정할 때는 도둑질을 한 당사자의 처지도 참작된다. 굶주림에 견디다 못해 저지른 일이라면 20% 정도의 비교적 적은 벌금이 부과된다.

옛날 이스라엘에서는 돈과 벌금을 갚지 않으면 그에 해당되는 노동을 통해 탕감하도록 되어 있었다. 최악의 경우에는 감옥에 가두기도 했는데, 감옥에 감금하는 것은 근본적인 해결책이 아니라는 것이 유대인의 사고방식이다.

장님과 등불

어떤 사람이 캄캄한 밤에 거리를 지나고 있었다. 그때 맞은편에서 장님이 등불을 들고 걸어오는 것이 보였다. 이 사람은 그 이유를 알 수가 없어, 장님에게 넌지시 물었다.

"앞도 보지 못하면서, 불은 왜 들고 다니는 겁니까?"

그러자 장님이 이렇게 대답했다.

"내가 불을 들고 걸어가면 앞이 보이는 사람들이 나를 알아보고 피할 수 있을 테니까요."

아담의 갈비뼈를 훔친 도둑

어느 날 로마 황제가 랍비의 집을 방문하여 이런 질문을 했다.

"하느님은 결국 도둑이 아닙니까? 아담이 잠자고 있는 사이에 허락도 없이 갈비뼈를 훔쳐가지 않았습니까?"

황제의 어이없는 질문에 옆에 있던 랍비의 딸이 나섰다.

"제게 좀 난처한 일이 있어서 그러는데, 저에게 황제 폐하의 부하를 한 명 빌려주실 수 있겠습니까?"

그녀의 말에 황제가 그 이유를 물었다.

"어려운 부탁은 아니지만, 도대체 그 난처한 일이라는 게 무엇인가?"

그녀가 아뢰었다.

"어젯밤에 도둑이 들어 저희 집 금고를 훔쳐갔습니다. 그런데 그 도둑이 금고가 있던 자리에 황금 항아리를 두고 갔습니다. 그래서 그 자초지종을 조사해보고 싶습니다."

그러자 황제가 말했다.

"그래? 그거 참 부럽군. 그런 도둑이라면 나에게 찾아와도 좋을 텐데 말이야!"

황제의 말에 랍비의 딸은 이렇게 대답했다.

"그러실 겁니다. 하지만 결국 아담의 갈비뼈 한 대를 훔친 것이나 도둑이 금고를 훔쳐간 것이나 마찬가지 아니겠습니까? 하느님은 갈비뼈 하나를 몰래 가져가는 대신 이 세상에 여자를 남기신 것입니다."

악마의 선물

태초에 인간이 포도나무를 심고 있을 때, 악마가 찾아와서 물었다.

"무엇을 하고 있느냐?"

인간이 대답했다.

"지금 기막히게 좋은 열매가 맺히는 식물을 심고 있는 중일세."

악마는 믿지 못하겠다는 듯이 고개를 갸우뚱했다. 인간은 악마에게 다음과 같이 설명해주었다.

"이 식물이 자라면 아주 달콤하고 맛있는 열매가 주렁주렁 열리게 된다네. 그 열매의 즙을 짜서 마시면 누구나 행복해진다네."

악마는 인간에게 자기도 함께 식물을 키우게 해 달라고 애원하고는, 양과 사자와 원숭이와 돼지를 차례로 끌고 왔다. 그러고는 그 짐승들을 죽인 다음 그 피로 차례차례 거름을 주었다. 포도주는 이렇게 해서 세상에 처음으로 생겨났다.

술을 처음 마시기 시작할 때는 양처럼 온순하지만, 조금 더 마시면 사자처럼 사나워지고, 그보다 더 마시면 원숭이처럼 춤추고 노래를 부르게 된다. 그 상태에서 더욱 많이 마시게 되면 토하고 뒹굴면서 돼지처럼 추해지는데, 이는 술이 악마가 인간들에게 준 선물이기 때문이다.

7이라는 숫자

유대인은 7이라는 숫자를 매우 중요하게 여긴다.

한 주 안의 일곱 번째 날은 안식일이다. 또한 일곱 번째 해에는 밭을 갈지 않고 땅을 쉬게 한다. 그리고 마흔아홉 번째(7년이 7번 돌아오는 해) 해는 매우 경사스러운 해로, 밭을 갈지 않을 뿐만 아니라 빌려준 돈도 탕감해준다. 일 년에 두 번 있는 대축제인 유월절과 초막절은 각각 7일 동안 계속된다.

유대인의 달력은 세계에서 가장 정확하다. 노예로 잡혀 있던 이집트에서의 탈출은 유대 역사에서 가장 중요한 일이니만큼, 그날을 첫 번째 달의 첫 날로 삼고 그로부터 일곱 달 뒤에 새해가 된다.

예를 들어 미국의 신년은 1월 1일이지만 미국에서 가장 중요한 첫 달은 미국이 독립한 7월이다. 따라서 미국의 회계 연도나 학교의 연도도 모두 7월에 시작된다. 그와 마찬가지로, 유대인도 이집트에서 탈출하여 자유를 얻은 때를 첫 달로 삼는다. 그래서 이 첫 달에 유월절 축제를 열고, 일곱째 달에 새해를 맞이하며 초막절 축제를 갖는다.

아기인가? 산모인가?

어느 유대인 산모가 심한 난산으로 목숨이 위태로운 상황에 처했다. 초산이었던 산모는 출혈이 심해 몹시 고통스러워하고 있었다. 검진을 마친 의사는 산모와 아기 중 한 사람밖에 구할 수 없다고 말했다.

부부는 첫 아기를 몹시 기다리고 있었다. 산모는 자기가 죽더라도 아기만은 살리고 싶다고 애원했다. 이야기의 결론이 나지 않자, 결국 랍비에게 결정권이 주어졌다. 랍비는 먼저 이렇게 말했다.

"지금 내리는 결정은 내 개인적인 생각에 의한 것이 아니고 《탈무드》와 유대의 오랜 전통에 의한 것이니, 이를 반드시 따르겠는가?"

부부는 그것이 유대의 전통에 의한 결정이라면 받아들이겠다고 동의했다. 랍비는 아이를 희생시키고 산모를 구하라고 결정을 내렸다. 하지만 산모는 그것은 살인 행위라며 반대하였다.

하지만 유대의 전통에 의하면, 태어나기 전의 아기는 생명이 없는 것으로 되어 있다. 배 속의 태아는 산모의 일부분인 것이다. 생명을 구하기 위해서는 몸의 일부분, 즉 팔이나 다리를 잘라내는 경우가 있을 수 있다. 유대의 전통에서는 만약 이런 경우가 생긴다면 반드시 산모의 생명을 구하도록 정하고 있다.

부부는 랍비가 결정한 대로 따랐다. 산모는 무사히 생명을 구했고, 그 뒤 곧 두 번째 아기가 이 세상에 태어났다.

현자를 찾아가는 사람들의 유형

현자를 찾아가는 사람들은 세 가지 유형으로 나눌 수 있다.

1. 스펀지 유형: 무엇이든 좋다면서 무조건 흡수하려고 하는 유형.
2. 터널식 유형: 한쪽 귀로 듣고, 다른 한쪽 귀로 흘려버리는 유형.
3. 의문이 많은 유형: 중요한 것과 중요하지 않은 것을 꼭 걸러내려고 하는 유형.

독일판 탈무드

나치의 수용소에서 600만 명이나 되는 엄청난 수의 유대인이 학살되고 나머지 사람들이 구출되었다. 살아남은 유대인은 미국의 트루먼 대통령에게 답례로 《탈무드》를 선사했다.

그런데 그 《탈무드》는 제2차 세계대전 후 독일에서 인쇄된 책이었다. 그만큼 철저하게 유대인을 전멸시키려고 애썼던 독일에서조차 《탈무드》가 발행되었다는 사실은, 《탈무드》의 위대함을 세상에 입증해주는 증거라 할 수 있다.

마법의 사과

어떤 왕에게 외동딸이 있었는데, 어느 날 그 딸은 중병에 걸려 몸져누웠다. 의사는 세상에 둘도 없는 신통한 약을 먹이지 않는 한 살아날 가망이 없다고 했다. 고심하던 왕은 자기 딸의 병을 고쳐주는 사람을 사위로 삼는 것은 물론, 다음번 왕의 자리까지도 물려주겠다고 포고문을 붙였다.

당시 아주 외딴 시골에 삼형제가 살고 있었는데, 그 가운데 첫째가 천리를 보는 망원경으로 그 포고문을 보게 되었다. 그래서 사정을 알게 된 삼형제는 함께 힘을 합쳐 공주의 병을 고쳐보자고 의논하였다. 삼형제 중 둘째는 어디든 금방 날아갈 수 있는 마법의 융단을 갖고 있었고, 셋째는 먹기만 하면 어떤 병도 낫게 하는 마법의 사과를 갖고 있었기 때문이다.

삼형제는 서둘러 마법의 융단을 타고 왕궁으로 가서 공주에게 마법의 사과를 먹게 했다. 그러자 정말 신통하게도 공주의 병은 씻은 듯이 나았다. 왕은 크게 기뻐하며, 이미 약속했던 것처럼 삼형제 중 한 명을 사위로 맞아들여 왕위를 물려주겠다고 했다.

이 문제를 두고 삼형제끼리 서로 의논하는 자리에서 첫째가 말했다.

"내가 망원경으로 포고문을 보지 못했다면, 공주가 아픈 것도 몰라 우리는 이곳에 오지 못했을 거야."

이번에는 둘째가 말했다.

"누가 뭐래도 마법의 융단이 없었다면, 이렇게 먼 곳까지 올 수 없었을 거라고."

두 사람의 말을 듣고 있던 셋째가 말했다.

"그렇지만 마법의 사과가 없었다면, 공주의 병을 치료할 수 없었을 것 아냐?"

만약 그대가 왕이라면 삼형제 중의 누구를 사윗감으로 정하겠는가? 《탈무드》의 답은 마법의 사과를 갖고 있던 셋째이다. 왜냐하면 망원경을 갖고 있던 첫째는 여전히 그 망원경을 갖고 있고, 융단을 갖고 있던 둘째도 왕궁까지 타고 온 융단을 여전히 가지고 있다. 하지만 사과를 가지고 있던 셋째는 사과를 왕의 외동딸에게 먹여버렸으므로 아무것도 갖고 있지 않다. 그녀를 위해 자신이 갖고 있던 모든 것을 주었던 것이다.

《탈무드》에서는 무엇인가를 해줄 때는 갖고 있는 모든 것을 바치는 게 가장 중요하다고 가르친다.

안식일

어느 안식일(安息日) 오후에, 로마의 황제가 평소에 잘 알고 지내는 랍비의 집을 방문했다. 불쑥 나타난 황제에게 랍비는 특별히 대접할 것이 없었다. 준비할 시간이 없었기 때문이다. 그러나 황제는 랍비가 내놓은 변변찮은 음식을 맛있게 먹으며 함께 노래하고, 《탈무드》에 나오는 재미있는 이야기를 하느라고 시간 가는 줄 몰랐다.

황제는 아주 만족한 표정을 지으며, 수요일에 다시 찾아오겠다는 말을 남기고 떠났다. 황제는 약속대로 수요일에 다시 랍비의 집을 방문했다. 사람들은 황제가 올 것을 미리 알고 있었으므로 만반의 준비를 해놓고 그를 기다렸다.

제일 좋은 그릇을 꺼내놓았고, 안식일이라 쉬던 하인들까지 전부 나와 황제를 맞이했다. 요리사가 없어서 찬 음식밖에 대접하지 못했던 안식일과는 달리 제대로 된 따뜻한 음식들이 가득 차려졌다. 그러나 황제는 무언가 만족스럽지 않은 표정을 지으며 랍비에게 물었다.

"안식일인 토요일에 먹던 음식이 참 맛있었는데……. 그때는 음식에 무슨 조미료를 넣었습니까?"

그러자 랍비가 이렇게 말했다.

"오늘은 그 조미료를 구할 수가 없었습니다."

황제가 자신만만하게 말했다.

"아니, 구할 수가 없다니요? 로마 황제인 내가 무엇이든 구해드리지요. 말씀만 하세요."

랍비가 다시 말했다.

"이 세상에 조미료는 많지요. 하지만 유대의 안식일이라는 조미료, 이것만은 로마 황제이신 당신이 아무리 애쓰신다 해도 구할 수 없으실 겁니다."

복수와 증오

어떤 남자가 친구에게 낫을 빌려 달라고 부탁하자, 그 친구는 한마디로 싫다고 거절했다. 며칠이 지난 다음, 이번에는 반대로 앞서 거절했던 친구가 찾아와 그 남자에게 부탁했다.

"말 좀 빌려주게."

남자는 이렇게 대답했다.

"네가 낫을 빌려주지 않았으니, 나도 말을 빌려줄 수 없어."

이것은 복수이다.

낫을 빌려주지 않았던 친구가 말을 빌려 달라고 찾아왔을 때 이렇게 대답할 수도 있다.

"너는 내게 낫을 빌려주지 않았어. 하지만 나는 네게 말을 빌려주겠네."

이것은 증오이다.

죄악

인간이라면 누구나 죄를 짓게 마련이다. 유대인은 이러한 인식을 가지고 있기 때문에, 그들의 가르침에는 철저한 도덕관처럼 엄격하게 짜인 분위기는 없다. 죄를 지었다 할지라도 유대인은 변함없이 유대인이라는 것이다.

유대인이 이해하고 있는 죄에 대한 관념은, 이를테면 화살을 백발백중 표적에 명중시킬 능력이 있지만 간혹 명중시키지 못하는 경우가 생기는 것과 마찬가지이다. 즉, 원래는 죄를 지을 생각이 없었는데 어쩌다 저지른 실수를 '죄'라고 생각한다.

유대인은 자기가 범한 죄에 대해 용서를 구할 때에 '나'

라는 말 대신 반드시 '우리'라고 표현한다. 자기 혼자서 지은 죄일지라도 여럿이 함께 지은 것으로 여기는 것이다. 유대인은 누구나 개개인을 대가족 중 일원으로 생각하기 때문에, 혼자서 범한 죄도 가족 전체가 범한 죄로 간주한다.

그러므로 비록 자기 자신은 남의 것을 훔치지 않았더라도 누군가에 의해 절도 행위기 일어났다면, 같이 하느님께 잘못을 빌어야 한다. 그가 누구든, 다른 사람이 도둑질을 한 것은 자신의 자선 행위가 부족한 탓으로 돌리는 것이다.

10이라는 숫자

어떤 사람에게 일부러 모함하는 말을 하여 그의 마음에 상처를 입혔다고 가정하자. 그런 다음에 그 사람을 만나게 되었을 때, '지난번에는 너무 흥분한 나머지 지나친 말을 하여, 본의 아니게 당신의 마음을 아프게 해드려서 정말 죄송합니다.'라고 사과했다. 그래도 상대편이 용서해 주지 않을 때는 어떻게 하면 좋겠는가?

이런 경우에 유대인은 '나는 며칠 전에 어떤 사람에 대해서 도리에 어긋나는 말을 하여 그의 체면을 손상시켰기 때문에 그를 찾아가 사과했으나, 그는 나를 용서하지 않았습니다. 나는 진심으로 잘못을 후회하고 있는데, 여러

분은 나의 잘못을 용서해줄 수 있겠습니까?' 하고 열 명의 사람에게 묻는다. 그리고 열 명의 사람들이 모두 용서해준다고 할 때까지 용서를 빌어야 한다.

여기서 '10'이라는 숫자가 나온 이유는, 유대교의 예배당에서는 기도드릴 때 열 명 이상의 사람이 있어야 기도가 성립되기 때문이다. 아홉 명 이하의 수는 개인이고 열 명이 되어야 비로소 집단이 되는 것이다.

정치적 결단이 아닌 종교적인 결정도 역시 열 명 이상이어야 한다. 결혼식도 하객이 열 명 이상이 되지 않으면 공식적으로 거행하지 못한다.

사랑의 맹세

아름다운 처녀가 가족과 함께 여행을 하고 있었다. 어느 날, 그녀는 혼자서 산책하다 그만 길을 잃고 가족과 헤어지고 말았다.

길을 찾아 여기저기 헤매다 보니 그녀는 몹시 목이 탔다. 그때 멀리 떨어진 곳에 있는 우물이 어렴풋이 눈에 띄었다. 그녀는 급히 달려가서, 앞뒤 가리지 않고 두레박줄을 타고 내려가 물을 벌컥벌컥 마셨다.

물을 실컷 마신 다음 다시 위로 올라가려고 했는데 우물이 너무 깊어서 올라갈 수가 없었다. 그녀는 엉엉 울면서 살려 달라고 소리를 질렀다. 이때 마침 우물가를 지나던 젊은이가 비명 소리를 듣고 달려와 그녀를 구해주었다.

그녀는 생명을 구해준 젊은이와 곧 사랑을 약속하게 되었다. 그러나 젊은이는 다시 길을 떠나지 않으면 안 되었다. 젊은이는 영원히 사랑하겠다고 맹세하면서, 다시 돌아오는 날 결혼하자고 약속했다.

그러나 두 사람의 주변에는 약속을 증명해줄 만한 이가 아무도 없었다. 그때 족제비 한 마리가 나타나 두리번거리다가 숲속으로 사라졌다. 그녀는 족제비를 보는 순간 이렇게 말했다.

"지금 막 지나간 족제비와 바로 우리 앞에 있는 이 우물이 증표예요."

두 사람은 아쉬운 작별 인사를 나누고 헤어졌다. 그녀는 그가 돌아올 날을 기다리며, 한 해 한 해 세월을 보냈다. 그러나 젊은이는 얼마 지나지 않아 다른 여자와 결혼하였으며, 사랑의 맹세 따위는 까맣게 잊은 채 아들까지 낳아 행복하게 살아갔다.

어느 날 그의 아이가 집 밖에서 놀다가 그만 풀밭 위에서 잠이 들었다. 그런데 그때 갑자기 족제비가 나타나 아이의 목을 물어뜯었다. 아이가 죽자, 그와 그의 아내는 마음이 몹시 아팠다. 하지만 그 사고가 일어나고 얼마 후에 그들 사이에는 또다시 예쁜 아이가 태어났다. 그들은 다시 예전처럼 행복한 나날을 보냈다.

또다시 세월이 흘러 아이는 아장아장 걸을 수 있을 만큼 건강하게 자랐다. 그러던 어느 날, 아장아장 걷던 아이가 우물에 비치는 여러 그림자들을 신기한 듯이 들여다보다가 그만 우물에 빠져 죽고 말았다.

남자는 아이를 둘이나 잃고 난 뒤에야 자신이 옛날에 했던 사랑의 약속이 문득 떠올랐다. 자신과 그녀가 맹세한 사랑의 증표가 바로 족제비와 우물이었다는 사실도 또렷이 떠올랐다.

결국 그는 아내에게 자신의 과거를 모두 털어놓고 헤어진 다음, 사랑의 약속을 했던 처녀가 있는 곳으로 돌아왔다. 그와 결혼하기로 약속했던 처녀는 사랑의 맹세를 굳게 간직한 채 그를 기다리며 그때까지 홀로 살고 있었다. 마침내 두 사람은 결혼해서 행복하게 살았다.

사람의 손

사람은 이 세상에 태어날 때 두 손을 꼭 쥐고 있다. 그러나 세상을 떠날 때는 이와 반대로 두 손을 펴고 죽는다.

태어날 때는 이 세상 모든 것을 움켜잡으려고 하기 때문이고, 죽을 때는 뒤에 남아 있는 사람들에게 가지고 있던 모든 것을 내주어 빈손이 되었기 때문이다.

비즈니스

《탈무드》는 이 세계가 점점 진보해간다고 보고 있으며, 다가올 미래에 비즈니스가 무엇보다도 중요한 역할을 할 것이라고 예견하고 있다. 《탈무드》는 이러한 비즈니스에 관련된 여러 가지 언급을 하고 있는데, 중요한 것은 비즈니스의 성공적인 측면이 아니라 도덕적인 측면을 다루고 있다는 점이다.

이를테면 이런 내용이다. 물건을 사는 사람은 아무런 보증이 없다 해도 사는 물건이 좋은 품질이어야 한다는 조건을 요구할 수 있는 권리가 있다. 물건을 산다는 것은 곧 결함이 없는 것을 산다는 뜻이기 때문이다. 그러므로 가령 물건을 파는 사람이 반환할 수 없다는 조건을 붙였다 해도, 그 상품에 결함이 발견되면 물건을 사는 사람 입장에서는 그 상품을 반환할 수 있는 권리가 있다.

이 경우 한 가지 예외가 있는데, 그것은 물건을 사는 사람이 상품의 결함을 행위 전에 인정한 다음 샀을 때이다. 가령 자동차를 팔 때 그 자동차에 엔진이 없다는 사실을 애초에 알려주고 팔았다면, 구매하는 사람은 그 자동차에 엔진이 없다는 이유를 들어 반환을 요구할 수 없다.

《탈무드》에 따르면, 만일 결함이 있는 물건을 팔 경우에는 반드시 구입 희망자에게 그 결함을 구체적으로 설명해주어야 한다고 기록되어 있다. 따라서 물건을 사는 사람은 상품의 결함이나 눈가림뿐만 아니라 물건을 파는 사람이 미처 몰랐던 실수나 잘못에 대해서도 보호받게 되는 것이다.

물건을 사고판다는 것은 두 가지 요소로 이루어진다. 첫째는 그 물건의 값을 지불하는 것이고, 둘째는 그 물건의 소유자가 사는 사람에게로 바뀐다는 사실이다. 그러므로 물건을 파는 사람은 물건의 소유권을 그 물건을 산 사람에게 안전하게 넘겨주어야 할 의무가 있다. 물건을 판매하는 사람은 파는 사람의 소유권을 반드시 가지고 있어야 한다. 그것은 혹시라도 남의 물건을 파는 절도 행위가 있어서는 안 되기 때문이다.

《탈무드》에서는 어디까지나 물건을 판 사람보다는 물건을 구입한 사람의 권리를 더 인정해준다.

낯선 동물

양을 많이 키우던 왕이 있었다. 그는 양을 방목하기 위해서 양치기까지 고용했다.

어느 날, 양과는 모습이 전혀 다르게 생긴 동물 한 마리가 양떼 속으로 들어온 것을 발견한 양치기는 그 사실을 즉시 왕에게 보고했다.

"이상한 동물 한 마리가 저희 양떼 속으로 들어왔는데, 어떻게 하면 좋겠습니까?"

그러자 왕이 무덤덤하게 지시를 내렸다.

"그 동물을 각별히 잘 보살펴주어라."

양치기가 의아해하는 표정을 짓자 왕은 이렇게 덧붙

였다.

"내가 키우던 양이야 처음부터 내 것이었으니 별로 걱정할 것이 없다. 하지만 새로 들어온 그 짐승은 지금까지 환경이 전혀 다른 곳에서 살아왔는데도 다른 양들과 잘 어울리고 있다니, 그 얼마나 기쁜 일이냐?"

유대인은 태어난 순간부터 유대의 전통 속에서 성장하게 된다. 그런데 유대의 전통이 아닌 다른 환경 속에서 성장한 사람이 유대의 전통과 문화를 이해하고 받아들이는 경우에는, 유대인으로부터 더 큰 존경을 받는다.

네 명의 아이

백성의 소리는 곧 하느님의 소리이기도 하다. 하느님이 말했다.

"내게 네 명의 아이가 있듯이, 너희도 네 명의 아이를 가지고 있다. 너희의 네 아이는 과부, 고아, 이방인, 승려이다. 내가 너희의 아이들을 보살펴주고 있듯이, 너희도 나의 아이들을 보살펴주어야 한다."

피임

오래전부터 랍비들은 피임법에 정통했던 것 같다. 누구는 어떤 피임법을 쓰는 것이 좋겠다든지 하는 데에 관해 모두 랍비가 맡아 지도했는데, 피임은 여자들만이 했다.

《탈무드》에는 피임을 해도 괜찮은 경우가 세 가지로 언급되어 있다. 이미 임신을 하고 있는 여자, 어린아이를 키우고 있는 여자 그리고 나이가 어린 여자였다.

그 당시 랍비들의 지식으로는 임신 중에도 임신이 가능하다 여겼다. 어린아이를 키우고 있는 어머니는 네 살이 될 때까지는 아이를 보살펴주는 것이 당연하다고 여겼다. 그래서 4년 안에 또 임신을 하는 것은 별로 장려되지 않았다. 어린 여자의 경우는, 설혹 그녀가 결혼을 했을지라도 임신은 몸에 해롭다고 생각했다.

이 밖에 흉년이 들었을 경우, 전염병이 퍼지고 있을 경우 등에도 피임을 권하였다.

임대료

갑과 을, 두 사람이 있었다. 그런데 갑이 을에게 물레방아를 빌려주었다. 을이 갑의 물레방아를 사용하는 대신, 갑의 곡식을 모두 무료로 찧어주는 것을 조건으로 삼았다. 그러는 동안에 갑은 많은 돈을 벌어서 다른 물레방아를 몇 개 더 샀기 때문에, 곡식 찧는 일을 을에게 맡길 필요가 없게 되었다.

상황이 바뀌자 어느 날 갑은 을에게 가서 임대료를 돈으로 달라고 했다. 그러나 을은 갑의 곡식을 찧어주는 것을 임대료 대신으로 하고 싶어 했다.

이런 경우에 어떻게 하면 좋겠는가? 《탈무드》는 다음과 같이 판결한다.

만일 을이 갑의 곡식을 찧어주지 않고는 임대료를 지불할 능력이 없다면, 처음에 했던 계약대로 임대료 대신 갑의 곡식을 계속 찧어주어야 한다. 그러나 갑이 아닌 제3자의 곡식을 찧어서 번 돈으로 임대료를 지불할 수 있다면 돈으로 지불해야 한다.

악인을 대하는 태도

길을 지나가던 랍비들이 악당들과 마주쳤다. 이 악당들은 모두 사람들이 고개를 절레절레 흔들 정도로 교활할 뿐만 아니라 잔혹하기 이를 데 없는 족속들이었다.

어떤 랍비가 작은 목소리로 말했다.

"저런 인간쓰레기들은 모두 물에 빠져 죽어버렸으면 좋겠습니다."

아담의 빵과 옷

이 세상 최초의 인간이었던 아담은 빵 한쪽을 얻기 위해 얼마나 노력했을까? 먼저 밭을 간 다음 씨를 뿌렸을 것이다. 그리고 밭을 가꾸고, 한참이 지난 후에 수확을 했을 것이다. 다시 수확한 것을 갈아 가루로 만든 다음, 그것을 반죽하여 구워 먹었을 것이다.

그러나 지금은 돈만 있으면 어디에서나 구운 빵을 쉽게 살 수 있다. 옛날에는 혼자서 했던 모든 일을 요즘에는 여러 사람이 나누어 하고 있기 때문이다. 따라서 우리는 빵을 먹을 때마다 수많은 사람의 노고에 감사하는 마음을 가져야 한다.

이 세상 최초의 인간인 아담은 옷 하나를 만들기 위해서도 많은 노력을 했을 것이다. 양을 사로잡아 키우다가 양의 털이 길어지면 그 털을 깎고, 그 털로 실을 만들어 천을 짜고, 그것으로 다시 옷을 만들어 입기까지 많은 노력이 들어갔을 것이다.

그러나 지금은 돈만 있으면 옷가게에서 마음에 드는 옷을 사 입을 수 있다. 옛날에는 혼자서 했던 모든 일을 요즘에는 여러 사람이 나누어 하고 있기 때문이다. 따라서 우리는 옷을 입을 때마다 수많은 사람의 노고에 감사하는 마음을 가져야 한다.

남자의 일생 7단계

탈무드에서는 남자의 일생을 다음과 같이 7단계로 나눈다.

1. 한 살: 왕. 누구나가 왕을 모시듯이 떠받들어주고 달래주며 비위를 맞추어주는 단계.
2. 두 살: 돼지. 흙탕물이든 아니든 아무 데나 뛰어드는 단계.
3. 열 살: 어린 양. 마음껏 웃고 떠들고 뛰어다니며 노는 단계.
4. 열여덟 살: 망아지. 다 자랐다고 자기 힘을 자랑하고

싫어 하는 단계.

5. 결혼을 한 뒤: 당나귀. 가장이라는 무거운 짐을 지고 힘겨운 발걸음을 내디뎌야 하는 단계.
6. 중년: 개. 가족의 부양을 책임지기 위해 다른 사람들의 호의를 개처럼 구걸하는 단계.
7. 노년: 원숭이. 어린아이나 다름없이 되지만 아무도 관심을 가져주지 않는 단계.

자기 암시

로마군의 어떤 장교가 랍비를 보더니, 자신이 그날 밤 무슨 꿈을 꾸게 될지 알려 달라고 했다. 그러자 랍비는 이렇게 대답했다.

"로마의 가장 큰 적인 페르시아군이 로마를 대파하고 지배한 후, 로마 사람들을 노예로 삼아 궂은일만 시키는 꿈을 꾸게 될 겁니다."

다음 날 그가 랍비를 찾아와 물었다.

"아니, 내가 무슨 꿈을 꾸리라는 것을 어떻게 알았습니까?"

그러나 랍비는 아무런 대꾸도 하지 않은 채 침묵만 지켰다. 꿈이라는 것은 자기암시에서 비롯된다. 하지만 랍

비는 그 장교가 자기 암시에 걸려 그런 꿈을 꾸게 되었다
는 것을 얘기해줄 수가 없었다.

자루

쇠붙이라는 것이 처음으로 만들어졌을 때, 세상에 있는 모든 나무가 두려움에 떨었다. 그러자 하느님께서 나무들을 보며 이렇게 안심시켰다.

"결코 걱정할 것이 없느니라. 쇠는 너희들이 자루를 제공하지 않는 한 너희들을 해칠 수 없다."

용서받는 거짓말

어떤 경우에 한해 거짓말을 해도 용서받을 수 있을까? 《탈무드》에는 다음의 두 가지 경우에는 거짓말을 해도 괜찮다고 말하고 있다.

첫째, 어떤 사람이 이미 물건을 구입한 후에 어떠냐고 의견을 물으면, 설사 그것이 좋지 않다고 해도 좋다고 거짓말을 하라.

둘째, 친구가 결혼을 했을 때는 무조건 '신부가 정말 미인이니 행복하게 살아라.'라고 거짓말을 하라.

더 붉은 피

한 사람이 심한 병에 걸렸는데, 어떤 새로운 약을 먹지 않으면 치료할 수 없는 지경에 이르렀다. 그런데 그 약은 좀처럼 구하기 어려운 약이었다. 생산량이 적은 데 비해 수요가 너무 많았기 때문이었다.

사정이 다급해지자, 환자의 가족이 랍비를 찾아가 그 약을 구해 달라고 간청했다. 랍비는 곧 의사인 친구에게 연락하여 환자를 살려줄 수 없느냐고 진심으로 부탁했다. 그러자 랍비의 부탁을 받은 의사는 이렇게 말했다.

"만약 자네의 부탁대로 그 약을 구해준다면, 그 약을 구하지 못하는 누군가가 생길 것이네. 그러면 그로 인해 그 사람이 죽을지도 모르네. 그런데도 자네는 약을 꼭 구해, 자네가 아는 환자 가족에게 주어야겠는가?"

처신

- 선행을 외면하고 마음의 문을 닫으면 머지않아 의사에게 문을 열어줘야 한다.
- 다른 사람 앞에서 부끄러워할 줄 아는 것과 자기 자신 앞에서 부끄러워할 줄 아는 것은 전혀 다른 것이다.
- 명성은 좇으면 잡을 수 없지만, 피하려고 하면 저절로 따라온다.
- 올바르지 못한 사람은 자신의 욕망에 지배당하지만, 올바른 사람은 자신의 욕망을 지배할 수 있다.
- 다른 사람이 자기를 칭찬하도록 만들 수 있다면 좋은 일이다. 그러나 자기가 자기를 칭찬하는 것은 옳

은 일이 아니다.

- 나무는 그 열매를 보면 알 수 있듯이, 사람은 그가 이룩한 업적을 보면 알 수 있다.
- 항아리는 동전이 몇 개 들어 있지 않으면 시끄럽게 소리가 나지만 가득 차면 오히려 조용하다.
- 항아리의 모양만 보지 말고 그 안에 무엇이 담겨 있는지를 살펴보라.
- 채소는 싹이 갓 돋은 상태만으로는 그 맛을 예측할 수 없다.
- '혀'에게는 '저는 잘 모르겠습니다.'라는 말을 부지런히 가르쳐야 한다.
- 도둑도 도둑질을 하지 않을 때는 자신을 도둑이라고 생각하지 않는다.
- 의사가 무료로 처방전을 써준다면 그것을 믿지 마라.
- 다른 사람의 도움을 받아 잘사는 것보다는, 차라리 가난하게 사는 것이 낫다.
- 맛이 있는 요리를 한 번 실컷 먹고 그다음 날부터 굶느니, 평생 양파만 먹고 사는 게 더 낫다.

- 이 세상에는 너무 지나치면 안 될 여덟 가지가 있다. 여자, 돈, 술, 잠, 일, 약, 향수, 여행이 그것이다.
- 장미는 가시와 가시 사이로 꽃을 피운다.
- 아랫사람의 말을 귀담아듣는 사람과, 젊은이의 말에 귀를 기울이는 노인이 함께 있는 세상은 복된 세상이다.
- 좋은 음악, 조용한 풍경 그리고 그윽한 향기는 사람의 마음을 포근하게 해준다.
- 좋은 가정, 좋은 아내, 좋은 옷은 사람들에게 자신감을 안겨주는 세 가지 요소이다.
- 사람을 빨리 늙게 하는 요인에는 공포, 분노, 자녀 그리고 악처라는 네 가지가 있다.
- 아무리 부자라도 남을 위해 베풀 줄 모르는 사람은 소금을 치지 않은 진수성찬과 같다.
- 불이 켜진 양초 하나로 수많은 양초에 불을 붙여도 원래의 불빛이 약해지는 것은 아니다.
- 스승보다 더 배우면 인생이 더욱 풍요롭게 되고, 사색을 많이 하면 그만큼 지혜도 많이 쌓인다.

- 사람들을 만나 유익한 얘기를 들으면 좋은 길이 열리고, 자선을 많이 베풀면 그만큼 널리 평화가 깃든다.
- 좋은 항아리를 얻으면 바로 그날부터 사용하라. 내일이면 깨져 못 쓰게 될지도 모른다.
- 이 세상에는 너무 과하게 사용해서는 안 되는 세 가지가 있다. 빵에 넣는 이스트와 소금과 망설임이다.
- 전당포는 과부와 어린아이들의 물건을 맡아서는 안 된다.
- 행동은 말보다도 오히려 목소리가 크다.

사형 판결

옛 이스라엘 시대에는 법원에서 사형 판결을 내릴 경우, 그 판결이 판사들의 만장일치로 이루어지면 무효로 처리했다. 재판에서는 항상 두 가지 견해가 존재하기 마련인데, 한 가지 견해밖에 나타나지 않은 것으로 보아 재판의 공정성에 문제가 있었다고 생각했기 때문이다.

그래서 사형이라는 극형을 결정할 때에도 판사들 전원의 만장일치로 판결이 되었다면 그것은 무효라는 판례가 남겨졌다.

하느님

어떤 로마인이 랍비를 찾아와 이렇게 말했다.

"당신들은 하느님 얘기만 하고 있는데, 도대체 그 하느님이 어디에 있는지 가르쳐주시오. 내가 납득할 수 있게끔 가르쳐주면 나도 그 하느님을 믿도록 하겠소."

몹시 심술궂은 질문이었지만, 랍비는 이를 못 들은 척할 수가 없었다. 랍비는 그를 밖으로 데리고 나가 태양을 가리키며 말했다

"저 태양을 똑바로 쳐다보시오."

그러자 로마인은 태양을 잠깐 쳐다보고는 소리쳤다.

"엉터리 같은 소리는 집어치우시오. 어떻게 태양을 똑

바로 쳐다볼 수 있단 말이오?"

그러자 랍비는 다음과 같이 말했다.

"하느님께서 창조하신 많은 것 가운데 하나인 태양조차 바로 볼 수 없다면 어떻게 위대하신 하느님을 눈으로 볼 수 있겠소?"

두 가지 견해

랍비가 어떤 두 사람에게 이렇게 말했다.

"나는 랍비이므로, 사람들은 나를 전적으로 믿고 있소. 나는 두 사람에게 돈을 빌렸는데, 한 사람에게서는 만 원을 빌리고 다른 한 사람에게서는 2만 원을 빌렸소. 그런데 어느 날 두 사람이 찾아와서 둘 다 2만 원씩 갚으라고 주장했소. 그러나 나는 누구에게서 2만 원을 빌렸는지 기억할 수가 없소. 이럴 때는 과연 어떻게 하면 좋겠소?"

이에 대하여 《탈무드》에는 두 가지 견해가 있다.

"누구에게 2만 원을 빌렸는지는 기억할 수 없지만, 적어도 두 사람에 만 원씩 빌린 것만은 틀림없다. 한 사람은 만 원을 더 빌려주었으나 지금으로서는 알 수가 없으므로, 두 사람에게 먼저 만 원씩 갚는다. 그리고 나머지 만 원은 증거가 나올 때까지 법정에 맡겨둔다."

이것은 다수의 의견이다. 다음과 같은 소수의 의견도 있다.

"두 사람 중 한 명은 도둑이다. 그는 만 원밖에 빌려주지 않고서 만 원을 더 받아내려고 한다. 그런데 똑같이 만 원씩 돌려준다면, 그 도둑에게는 손해 될 것이 하나도 없다. 그렇게 해서는 사회 정의가 실현되지 않는다. 도둑이나 악인이 이득을 보거나 벌을 받지 않고 넘어가는 것은 사회 정의에 어긋난다. 그러니 두 사람에게 한 푼도 돌려주지 말고 진실이 밝혀질 때까지 법정에 맡겨두어야 한다."

후자의 경우, 도둑 쪽에서는 만원마저 돌려받지 못하면 손해가 되므로, 집에 가서 장부를 다시 살펴보니 2만 원이 아니라 만 원이었다고 하면서 다시 올 가능성도 있다는 것이다.

초대받지 않은 사람

한 랍비가 이렇게 말했다.

"내일 아침에 여섯 사람이 모일 겁니다. 함께 해결해야 할 문제가 있습니다."

그런데 다음 날 아침이 되자, 일곱 사람이 모여 있었다. 누군가 한 사람, 랍비가 초대하지 않은 사람이 와 있었던 것이다. 랍비는 그 사람을 가려내기 위해 다음과 같이 말했다.

"여기에 초대받지 않은 사람이 한 명 있습니다. 그분은 돌아가주십시오."

그러자 그중에서 가장 유명한 인물이며, 누가 생각해도

당연히 초대받았음직한 사람이 일어나 밖으로 나가버렸다.

초대를 받지 않았거나, 또는 어떤 착오로 인해 오게 된 사람이 굴욕감을 느끼지 않도록 스스로를 낮추었던 것이다.

진짜 아들

남편이 항상 타지를 돌아다니며 장사를 하는 어느 부부는 아이 둘을 두고 있었다. 모두 아들이었다. 그런데 그 중 하나는 다른 남자와의 불륜으로 태어난 아이였다. 그러나 남편은 그 사실을 모르고 있었다.

어느 날 남편은 아내가 다른 사람에게 그 사실을 이야기하는 것을 우연히 들었지만, 누가 친아들인지는 알 수 없었다.

그 후 남편은 중병에 걸렸다. 그는 자기가 죽을 것을 예견하고, 자기의 핏줄을 타고난 아들에게 자기의 전 재산을 준다는 유서를 썼다.

그가 죽자, 그 유서는 랍비에게 넘겨졌다. 랍비는 죽은 남자의 핏줄을 가려내야만 했다. 궁리 끝에 랍비는 두 아들을 아버지의 무덤으로 불렀다. 랍비는 두 아들을 아들에게 큰 막대기를 주며, 아버지의 무덤을 힘껏 그 막대기로 내리치라고 말했다. 그러자 한 아들이 울면서 말했다.

"저는 도저히 아버지의 무덤을 치지 못하겠습니다."

랍비는 이 아들이 그의 자식이라는 판단을 내렸다.

어머니

어떤 랍비가 어머니와 단둘이서 길을 가고 있었다. 그런데 길에 돌이 많고 울퉁불퉁하여 걷기가 매우 힘들었다. 그래서 랍비는 어머니가 걸음을 내디딜 때마다 자신의 손을 어머니의 발밑에 집어넣었다.

《탈무드》에 부부가 등장하는 경우 늘 아버지를 먼저 앞세우는데, 이것은 유일하게 어머니만 나오는 이야기이다. 어머니도 아버지와 마찬가지로 소중한 존재임을 말해주기 위한 이야기일 것이다.

그러나 만일 아버지와 어머니가 다 같이 물을 마시고 싶어 한다면, 물은 아버지에게 먼저 가져간다. 왜냐하면 어머니에게 먼저 가져갈지라도 어머니는 자기가 먼저 마시지 않고 아버지에게 건네주기 때문이다.

형제간의 사랑

이스라엘에 두 형제가 살고 있었다. 형은 이미 결혼을 하여 아내도 있고 자식도 여러 명 있었다. 그러나 동생은 아직 미혼이었다. 부지런히 농사를 짓던 두 사람은 아버지가 돌아가시자 유산을 반씩 똑같이 나누어 가졌다.

사과와 옥수수를 수확하던 날, 두 사람은 그것을 똑같이 반으로 나누어 각자의 몫을 자기 창고에 따로따로 넣어두었다.

그날 밤, 동생은 자기 몫의 상당 부분을 형의 창고로 옮겨놓았다. 형의 집에는 식구가 많은데, 혹시 식량이 부족할까 봐 염려되었기 때문이다.

그날 밤, 형도 자기 몫에서 많은 양을 떼어내 동생의 창고로 옮겨놓았다. 자기는 아내와 자식들도 있으니 노후를 걱정할 필요가 없지만, 미혼인 동생은 혼자서 많이 힘들 거라는 생각에서였다.

날이 밝은 뒤 각자 자기 창고에 가본 두 사람은 깜짝 놀랐다. 창고에 있는 물건의 양이 어제와 달라진 것이 없었기 때문이다. 그 뒤로도 3일 동안 똑같은 일이 반복되자, 형제는 참으로 의아하게 생각했다.

다시 그다음 날 밤, 형과 아우는 다시 물건을 옮기기 시작했다. 그러다가 그만 중간에서 마주치고 말았다. 형과 동생은 그제야 이유를 깨닫고, 서로를 끌어안으며 기쁨의 눈물을 흘렸다.

닮지 않은 부자

한 젊은이가 아버지의 뒤를 이어 랍비가 되었다. 그런데 누구든 그를 만나는 사람이면 이구동성으로 그가 자기 아버지와는 전혀 닮은 점이 없다고 했다.

“그게 대체 무슨 말씀이십니까?”

사람들의 말을 들은 랍비는 힘을 주어 말했다.

“그것과 정반대입니다. 저는 아버지를 그대로 닮았습니다. 제 아버지는 아무도 모방하지 않는 분이셨고, 저 또한 아무도 모방하지 않으니까요.”

일곱 가지 계율

《탈무드》 시대의 유대인은 노동이나 일상생활을 비(非) 유대인과 함께하는 경우가 많았다. 유대인은 비유대인을 굳이 교화하려고 애쓰지 않았다. 그래서 그들을 위해 선교사를 파견하는 일도 없었다.

사정이 그러했기 때문에 천사가 당부한 603가지의 계율 역시 유대 사회에서 가치와 의미를 가졌을 뿐, 비유대인에게까지 종용되거나 권유되지는 않았다. 다만 서로 간의 평화로운 관계를 유지하기 위해 비유대인들에게는 7가지 계율만을 당부했다.

첫째, 살아 있는 동물을 죽여서 바로 날고기로 먹지 말 것.

둘째, 남을 욕하지 말 것.

셋째, 노둑질하지 말 것.

넷째, 법을 어기지 말 것.

다섯째, 살인하지 말 것.

여섯째, 근친상간을 하지 말 것.

일곱째, 불륜 관계에 빠지지 말 것.

백지장도 맞들면 낫다

대궐에는 '오차'라고 하는 아주 맛있는 열매가 열리는 나무가 있었다. 왕은 두 사람을 보초로 세워놓고 그 과일 나무를 잘 지키라고 명령을 내렸다. 두 사람 중 한 명은 장님이었고, 또 한 명은 절름발이였다.

그런데 이 두 사람이 한패가 되어 그 과일을 따먹자고 작당을 했다. 장님이 절름발이를 어깨로 받치고 절름발이가 과일을 따서 두 사람은 맛있는 과일을 실컷 먹었다.

그 사실을 알게 된 왕은 노발대발하면서, 두 사람을 모질게 심문했다. 장님은 앞도 볼 수 없는 자기가 어떻게 과일을 따먹을 수 있겠느냐고 변명을 했고, 절름발이는 자신의 키보다 높은 곳에 달려 있는 과일을 성치 않은 몸으로 어떻게 올라가 따먹을 수 있겠느냐고 반문했다.

왕은 반신반의하면서도 결국 두 사람의 말에 문제가 없다는 것을 인정할 수밖에 없었다.

어떤 일을 처리할 때 두 사람이 힘을 합치면, 한 사람이 두 배로 일한 것보다 훨씬 큰 힘이 나온다. 사람은 육체나 정신 중에서 한 가지만 가지고는 아무것도 할 수 없다. 육체와 정신의 힘을 합쳐야만, 좋은 일이든 나쁜 일이든 비로소 해낼 수 있다.

성(性)

《탈무드》에서는 성(性)을 일컬어 '생명의 강'이라고 한다. 강물은 때로는 홍수를 일으키고 온갖 것을 파괴하지만, 때로는 풍성한 열매를 맺게 하며 이 세상에 유익을 준다.

남자와 여자의 차이점

같이 잘 살던 어떤 부부가 이혼을 하게 되었다. 두 사람 다 나쁜 사람들은 아니었다.

이혼한 지 얼마 자나지 않아 남편은 다른 여자와 재혼했다. 그러나 결혼 운이 없었는지, 새로 만난 아내는 심성이 아주 고약했다. 그러다 보니 남편의 심성까지도 날로 악하게 변해 갔다.

이혼한 아내도 재혼을 했다. 그런데 새로 만난 남자는 아주 나쁜 남자였다. 그러나 이 남자는 차츰 착한 남편으로 바뀌었다.

부부는 배우자에 의해서 서로 모습과 성격이 달라지게 마련이다.

유대인과 하드리아누스 황제

로마 황제들 중에서 유대인을 가장 싫어했던 황제는 하드리아누스이다. 하드리아누스 황제가 지나갈 때, 어떤 유대인이 공손하게 예의를 갖추며 인사를 했다. 그러자 황제가 그의 신분을 물었다. 그가 유대인이라고 대답하자, 황제는 화를 내며 부하에게 명령했다.

"건방진 놈! 유대인 주제에 감히 내게 인사를 하다니! 당장 저 유대인의 목을 쳐라!"

다음 날 또 다른 유대인은 황제가 지나가는 것을 보았지만 인사를 하지 않았다. 그러자 황제는 그의 신분을 물은 뒤 유대인이라는 대답이 돌아오자, 다시 화를 내며 명령을 내렸다.

"건방진 놈! 유대인 주제에 감히 로마 황제인 내게 인사를 하지 않다니! 당장 저 유대인의 목을 쳐라!"

옆에 있던 신하들이 황제에게 그 이유를 물어보았다.

"어제는 인사를 한 죄로 유대인을 죽이셨는데, 오늘은 인사를 하지 않은 죄로 유대인을 죽이셨습니다. 어느 쪽이 옳은 것입니까?"

황제가 대답했다.

"양쪽 다 옳은 것이다. 유대인을 다룰 때는 나처럼 다루어야 한다."

하드리아누스 황제는 워낙 유대인을 미워했기 때문에, 유대인이 무슨 일을 하든 단지 유대인이라는 사실 하나만으로 그들의 목숨을 빼앗았던 것이다.

3장

마음을 다독이는 지혜

이스라엘과 같은 몸

잘생긴 청년과 아름다운 처녀가 사랑에 빠졌다. 청년은 일생 동안 그녀에게 성실할 것을 맹세하였고, 두 사람은 행복한 나날을 보냈다.

그러던 어느 날, 청년은 이 처녀를 남겨두고 여행길에 나서야만 했다. 처녀는 오랫동안 청년이 돌아오기를 기다렸으나, 청년은 돌아오지 않았다. 처녀의 친구들은 그녀를 동정했고, 청년이 절대로 돌아오지 않을 것이라고 비웃었다.

집으로 돌아온 처녀는 청년이 일생 동안 성실하게 대할 것을 맹세했던 편지들을 보며 눈물을 흘렸다. 그 편지들은 그녀의 마음을 위로해주었고 힘이 되어주었다. 드디어 청년이 돌아오자, 처녀는 그동안의 슬픔을 그에게 호소했다.

청년은 "그렇게 괴로운 시간을 보내면서도 어떻게 나만을 기다리며 정절을 지킬 수 있었소?" 하고 물었다.

그러자 처녀는 이렇게 대답하며 웃었다.

"나는 이스라엘과 같은 몸이에요."

이스라엘이 이민족의 지배를 받고 있을 때 다른 나라 사람들은 모두 유대인을 비웃었으며, 이스라엘이 독립한다는 말을 들었을 때 그들은 이스라엘의 현인들을 바보라고 비웃었다.

그러나 유대인은 예배당과 학교에서 이스라엘을 굳게 지켜 왔다. 유대인은 하느님이 이스라엘 민족에게 주신 거룩한 약속을 믿고 살아왔다. 이스라엘은 마침내 독립했다.

이 이야기 속의 처녀도 청년이 맹세한 편지를 읽으면서 청년을 믿고 그가 돌아오기를 기다리고 있었기 때문에, 자기 자신을 가리켜 이스라엘과 같다고 말했던 것이다.

자선

《탈무드》 시대의 유대인 가정에서는 안식일 전날인 금요일 저녁에 반드시 어머니가 촛불을 켠다. 그리고 아버지는 아이들의 머리에 손을 얹고 축복을 한다.

유대인 가정에서는 촛불을 켤 때, '유대 민족 기금'이라고 쓴 상자를 준비한다. 이때 아이들에게는 미리 동전이 주어지고, 어머니가 불을 붙이면 아이들은 그 동전을 상자에 넣는다. 이런 방법으로 유대인은 어릴 때부터 자선 행위를 가르친다.

금요일 오후에는 가난한 사람들이 자선을 받기 위해 부잣집을 차례로 방문한다. 그러면 부잣집의 부모는 자신이 직접 돈을 건네주지 않고, 반드시 아이들에게 상자 속의 돈을 꺼내 건네도록 한다. 아이들에게 자선을 베푸는 마음을 심어주기 위해서이다.

지금도 유대인은 세계에서 자선을 위해 가장 많은 돈을 쓰는 민족으로 인정받고 있다.

인생

- 모든 사람의 조상은 하나이다. 따라서 이 세상에 다른 사람보다 우월한 사람은 없다.
- 만약 어떤 사람이 다른 사람을 죽인다면, 그는 모든 사람을 죽인 것과 같다. 마찬가지로 누군가의 목숨을 구한다면, 그것은 모든 사람을 구한 것과 같다.
- 이 세상은 한 명의 사람으로부터 시작되었다. 그러므로 사람이 사람을 죽인다는 것은 최초의 사람을 죽인 것과 진배없다. 그렇다면 오늘날의 인류는 존재하지 못했을 것이다.
- 인간은 환경에 의해서 명예가 높아지는 것이 아니

다. 환경이 인간에 의해서 명예가 높아지는 것이다.

- 젊은 나이에도 늙은 사람이 있다.
- 진실이란 듣기에 힘겨운 것이다. 따라서 진정으로 젊은 사람이야말로 그것을 옮길 수 있다.
- 눈으로 볼 수 없는 것보다는, 마음으로 볼 수 없는 것이 더 두려운 것이다.
- 자신의 결점에만 신경 쓰다 보면 다른 사람의 결점을 보기가 어렵다.
- 부끄러움을 모르는 것과 자기 자랑만 늘어놓는 것은 매한가지이다.
- 다른 사람을 칭찬할 줄 아는 사람이야말로 칭찬을 받을 만한 사람이다.
- 누구를 만나든, 무엇인가를 배울 수 있는 사람이 이 세상에서 가장 현명한 사람이다.
- 강한 사람은 스스로를 지배할 수 있는 사람이다. 적을 친구로 만들 수 있는 사람 역시 강한 사람이다.
- 꾀가 있다는 것은, 아무리 머리를 써도 빠져나오기 힘든 곤경에서 빠져나올 수 있다는 말이다.

- 진정한 부자는 자신이 갖고 있는 것에 대해 만족할 줄 아는 사람이다.
- 먹을거리를 함부로 다루는 사람은 배고픔이 무엇인지 모르는 사람이다.
- 변변치 못한 사람은 다른 사람의 수입에만 관심을 두고, 정작 자신의 손해에 대해서는 관심을 두지 않는다.
- 1일 동안 공부하지 않은 것을 다시 하려면 2일이 걸린다. 2일 동안 공부하지 않은 것을 다시 하려면 4일이 걸린다. 1년 동안 공부하지 않은 것을 다시 하려면 2년이 걸린다.

가정

- 여자와 대화를 나누어보지도 않고 결혼하는 것은 옳지 않다.
- 아내가 될 사람을 고를 때는 겁쟁이가 되어야 한다.
- 남자의 집은 곧 아내이다.
- 남자는 결혼하는 순간부터 죄가 늘어난다.
- 세상에서 가장 행복한 사람은 현명한 아내를 가진 남자이다.
- 진정 서로 사랑하는 부부에게는 칼날만큼 좁은 침대도 편안하지만, 서로 미워하는 부부에게는 아무리 큰 침대라도 비좁고 불편하다.

- 아내를 학대하지 말라. 하느님이 아내의 눈물방울을 하나하나 세고 계신다.
- 여러 가지 병 가운데 마음의 병만 한 병은 없다. 여러 가지 악 중에서 악처의 악만 한 것도 없다.
- 세상의 그 무엇과도 바꿀 만한 것이 없다면, 그것은 젊어서 결혼하여 함께 고생하며 늙은 아내이다.
- 집 안에서 저지른 부도덕한 행동은 마치 과일에 날파리 꼬이듯이 금방 널리 퍼진다.
- 자식은 부모의 언행을 따라 한다. 그러므로 자식의 말투로 부모의 성격을 알 수 있다.
- 자식과 약속을 했다면, 그것은 반드시 지켜야 한다. 만약 약속을 지키지 않는다면, 아이들에게 거짓말을 가르치고 있는 셈이다.
- 자식을 키울 때 차별을 두어 가르치면 안 된다.
- 자식이 어릴 때는 엄히 가르쳐야 하지만, 그렇다고 자식이 두려움을 느낄 정도로 가르치는 것은 옳지 못하다.
- 자식을 꾸짖을 때는 엄히 꾸짖되 한 번으로 끝내야

한다. 똑같은 문제로 계속 꾸짖는다면 잔소리로 들릴 뿐 그 결과가 좋지 않다. 또한 다 자란 뒤에는 사소한 일로 꾸짖지 말라.

- 자식은 아버지를 경외하도록 가르쳐야 한다.
- 자식이 아버지가 앉는 자리에 앉는 것은 좋지 않다.
- 아버지가 다른 사람과 언쟁을 벌이고 있을 때, 자식이 다른 사람의 편에 서는 것은 옳지 못하다.
- 자식들이 아버지를 존경하고 순종하는 까닭은 아버지가 자식들의 의식주를 해결해주기 때문이다.

판사

판사는 반드시 진실과 평화를 동시에 추구해야 한다. 만일 진실만을 추구한다면 평화가 사라진다. 그러므로 진실을 추구하면서도 동시에 평화를 지킬 수 있는 방법을 찾아야 한다. 그렇게 할 수 있는 가장 좋은 방법은 바로 중용이다.

판사가 되려는 사람은 판사가 되기까지의 이력이 깨끗해야 한다. 그리고 판사가 되고 난 다음에도 언제나 겸손하고 선하게 행동해야 하며, 정확한 판단력과 위엄을 갖추어야 한다.

우정

- 친한 친구가 채소를 가지고 있으면, 그에 필요한 고기를 보태주어라.
- 친한 친구가 꿀처럼 달콤하다고 해도, 그 꿀을 완전히 빨아먹어서는 안 된다.

친구

- 신붓감을 고를 때는 눈높이를 한 단계 낮추고, 친구를 고를 때는 한 단계 높여라.
- 친구가 화를 낼 때 그를 달래지 마라. 슬픔에 잠겨 있을 때도 그를 달래지 마라.

사람

- 백성의 소리가 곧 하느님의 소리이다.
- 사람은 세 종류의 이름을 갖는다. 태어났을 때 부모로부터 받은 이름과 친구들이 붙여준 우정 어린 이름 그리고 생애를 끝마쳤을 때 받는 명성이 그것이다.
- 사람이 사는 세상은 진실과 도덕과 평화의 세 가지 근본 위에 서 있다.
- 사람은 심장(마음) 가까이에 젖이 있으나 동물들은 비교적 심장에서 떨어진 곳에 젖이 있다. 이것은 하느님이 베풀어준 깊은 배려의 덕이라 할 수 있다.
- 사람이 휴일을 위해 존재하는 것이 아니라, 휴일이

사람을 위해 존재하는 것이다.

- 반성할 줄 아는 사람이 서 있는 땅은 위대한 랍비가 서 있는 땅보다 더 성스럽다.
- 거짓말쟁이에게 가장 큰 벌은 그가 진실을 말해도 다른 사람들이 믿어주지 않는다는 것이다.
- 사람들은 남들의 가벼운 피부병은 걱정하면서도 자기 자신의 깊은 병은 알아차리지 못한다.
- 사람은 20년에 걸쳐 배운 것이라도 단 2년 만에 잊어버릴 수 있다.

다섯 가지 부류

배 한 척이 외롭게 바다 위를 항해하고 있었다. 그런데 도중에 갑자기 폭풍우가 일어, 높은 파도에 휩쓸려 그만 뱃길을 벗어나고 말았다. 다음 날, 날이 밝자 바다는 언제 그랬느냐는 듯이 이미 평온을 되찾은 뒤였다.

길을 잃은 배 앞으로 섬이 하나 보였다. 사람들은 닻을 내리고 그 섬에서 잠시 쉬어 가기로 의견을 모았다. 그 섬은 무척 아름다웠다. 각양각색의 꽃들이 눈부시게 자태를 뽐내고 있었으며, 녹음이 울창한 나무들은 탐스러운 열매를 맺고 있었다. 또한 예쁜 새들도 쉬지 않고 흥겹게 노래하고 있었다. 배가 섬에 도착하자, 사람들의 행동은 저마다 달랐다.

어떤 사람들은 섬을 구경하는 동안 순풍이 불어오면 배가 떠날지도 모른다는 걱정과 함께 빨리 고향으로 돌아가고 싶은 마음 때문에, 섬에 오르지 않고 그냥 배에 남아 있었다.

또 어떤 사람들은 재빨리 섬으로 올라가 향기로운 꽃 냄새를 맡기도 하고, 시원한 나무 그늘 아래에서 맛있는 열매를 따먹기도 했다. 그런 다음 생기를 되찾자 곧장 배로 돌아왔다.

그리고 또 어떤 사람들은 섬 주변의 이곳저곳을 구경하며 지나치게 오랜 시간을 지체하다가, 바람이 불어오자 배가 있는 곳으로 허겁지겁 달려왔다. 그 바람에 그들은 섬에서 소지품까지 잃어버렸고, 배 안에 잡아놓았던 자신들의 좋은 자리를 다른 사람들에게 빼앗기고 말았다.

그런가 하면 선원들이 다시 닻을 올리는 것을 보고서도, 선장이 자기들을 남겨두고 떠나지는 않을 것이라고 생각하고 그냥 섬을 돌아다니는 사람들도 있었다. 그러다가 배가 정말로 그 섬을 떠나려 하자, 그제야 사태의 심각성을 깨닫고 헤엄을 쳐서 가까스로 배에 올랐다. 그들이 서로 너무 서두르는 바람에 바위나 뱃전에 부딪혀 입은 상처는 배가 목적지에 도착할 때까지도 아물지 않았다.

또 다른 사람들은 섬의 아름다운 경치에 빠져 시간 가는 줄도 모르고 열심히 열매를 따먹다가, 배가 떠나는 것을 눈치채지 못했다. 그들은 결국 숲속에 있는 사나운 짐승들의 먹이가 되거나 독이 있는 열매를 먹고 탈이 나거나 해서 모두 죽고 말았다.

당신은 이 다섯 부류의 사람들 중 어느 쪽에 가까운가?
이 이야기에서 배는 인생에서의 선행을 상징하고, 섬은 쾌락을 상징한다.
섬에 오르지 않고 배에 남아 있었던 첫째 부류의 사람들은 인생에서 약간의 쾌락조차 금한 경우이다. 둘째 부류의 사람들은 잠시 쾌락에 빠지기는 했으나 배를 타고 목적지까지 가야 한다는 사실을 결코 잊지 않은 경우다. 셋째 부류의 사람들은 지나치게 쾌락에 빠지기 전에 돌아왔으나 얼마간 고생을 한 경우이다. 넷째 부류의 사람들도 돌아오기는 했지만, 너무 늦었던 탓에 목적지에 도착할 때까지 갖가지 상처로 고통을 받은 경우이다. 마지막 다섯째 부류의 사람들은 인생에서의 목적지를 망각한 채 눈앞의 쾌락만 좇다가 마침내 자멸하고 마는 경우이다.

헐뜯지 않는 입

동물들이 한자리에 모였는데, 모두가 뱀의 흉을 보았다.

"사자는 일단 먹이를 쓰러뜨린 다음 뜯어먹고, 늑대는 먹이를 갈가리 찢어낸 다음 먹는데, 뱀인 너는 뭐가 급하다고 먹이를 그렇게 통째로 삼키냐?"

다른 동물들이 흉을 보자 뱀은 이렇게 대꾸했다.

"나는 그것이 너희들처럼 입으로 잔인하게 물어뜯는 것보다 낫다고 생각해. 입으로 상대방을 상처 입히지는 않으니까."

불행과 행운

랍비 아키바가 작은 등잔 하나를 들고 나귀와 개를 벗 삼아 여행을 하고 있었다.

그러던 어느 날, 날이 어둑어둑해지자 아키바는 밤의 한기를 피할 곳을 찾았다. 마침 가까운 곳에 있는 헛간 하나가 눈에 들어왔다. 그는 그 헛간에서 밤을 지내기로 작정했지만, 잠을 청하기에는 아직 시간이 일렀다.

그래서 그는 등잔불을 켜놓고 책을 읽었다. 그런데 바람이 세게 불어 등잔불이 꺼지고 말았다. 그는 할 수 없이 잠을 청할 수밖에 없었다. 그런데 그날 밤 그가 잠든 사이에 개는 여우에게 물려 죽었고, 나귀는 사자에게 잡아먹

혔다.

다음 날 아침, 그는 등잔불 하나만을 달랑 들고 외롭게 다시 길을 떠났다. 그는 마을에 도착했다 그런데 그곳에는 사람이라고는 그림자도 보이지 않았다. 나중에야 알게 된 사실이지만 전날 밤에 도적 떼들이 몰려들어 마을의 모든 것을 짓밟고, 마을 사람들을 전부 죽인 것이었다.

만약 전날 밤에 등잔불이 바람에 꺼지지 않았다면, 아키바도 도적 떼에게 죽음을 면치 못했을 것이다. 그리고 만약 개가 살아 있었다면, 개가 짖어대는 소리에 그들이 몰려왔을 것이다. 또 나귀가 살아 있었다면, 나귀가 길길이 날뛰어서 자신의 목숨도 안전하지 못했을 것이다.

결국 그가 살아남게 된 것은 불행이라 여겼던 그 세 가지 일 덕분이었다. 이 일을 겪고 난 뒤, 아키바는 다음과 같은 진리를 깨달았다.

"최악의 상황에서라도 인간은 희망을 잃어서는 안 된다. 불행이라 생각했던 일이 행운을 불러오는 경우는 얼마든지 있다."

옳은 것의 차이

알렉산더 대왕이 이스라엘에 왔을 때 어떤 유대인이 그에게 물었다.

"대왕께서는 우리가 가진 금과 은이 갖고 싶지 않으신지요?"

그러자 알렉산더 대왕은 이렇게 대답했다.

"나는 금과 같은 보화는 많이 가지고 있기 때문에 그런 건 조금도 탐나지 않소. 다만 유대인인 당신들의 전통과 당신들의 정의가 어떤 것인지 알고 싶을 뿐이오."

알렉산더 대왕이 그곳에 머물고 있는 동안, 두 명의 사나이가 어떤 일을 상담하기 위해 랍비를 찾아갔다. 내용

인즉, 한 사람이 다른 사람으로부터 넝마 더미를 샀는데, 그 넝마 속에서 많은 금화가 발견되었다는 것이었다. 넝마를 산 사람이 넝마를 판 사람에게 이렇게 말했다.

"나는 넝마를 산 것이지 금화까지 산 것은 아니요. 그러니 이 금화는 마땅히 당신 것이오."

그러자 넝마를 판 사람은 그것을 산 사람에게 이렇게 대답했다.

"난 당신에게 넝마 더미 전부를 판 것이니, 그 속에 들어 있는 것도 모두 당신 것이오."

두 사람의 말을 들은 랍비는 한참을 생각하고 나서 이렇게 판정을 내렸다.

"당신들에게는 각기 딸과 아들이 있으니, 그 두 사람을 서로 결혼시키십시오. 그런 다음 금화를 그들에게 물려주는 것이 옳은 일일 것이오."

그러고는 알렉산더 대왕에게 물어보았다.

"대왕님, 당신의 나라에서는 이런 경우 어떤 판결을 내리십니까?"

알렉산더 대왕은 이 질문에 아주 명쾌하게 대답했다.

"우리나라에서는 두 사람 모두를 죽이고, 금화는 내가 갖소. 이것이 내가 알고 있는 정의요."

히브리어의 '진실'

유대인은 히브리어의 알파벳을 어린 아이들에게 가르칠 때 그 한 자 한 자의 알파벳에 의미를 갖게끔 한다.

예를 들어 보자. 히브리어로 '진실'이라는 말은 히브리어 알파벳의 첫 글자와 맨 끝 글자의 꼭 중간에 있는 글자를 써서 나타낸다. 이것은 유대인에게 있어 '진실'이라는 것은 왼쪽이나 오른쪽 모두가 올바르며, 중간의 것 또한 올바르다는 것을 가르치기 위해서이다.

남성과 여성

남성은 시각을 통해 성적 흥분을 일으키고, 여성은 촉각을 통해 성적 흥분을 일으킨다. 그래서 《탈무드》는 남자들에게 '여자의 몸이 닿을 때 주의하라.'라고 했고, 여자들에게는 '옷차림에 주의하라.'라고 경고하고 있다.

계율이 엄격한 유대인 사회에서는 상인이 거스름돈을 줄 때도 여자 손님에게는 결코 손으로 직접 건네주지 않는다. 그들은 반드시 거스름돈을 어딘가에 놓아서 여자 손님이 집어 가게 한다.

또한 계율을 충실하게 지키는 이스라엘 여성들은 미니스커트 따위는 절대로 입지 않는다. 긴소매에 긴 치마를 입는다.

지갑, 술잔, 분노

유대인이 다른 민족을 평가하는 기준은 키소(지갑)와 코소(술잔) 그리고 카소(분노)이다.

키소: 돈을 어디에 어떻게 사용하는가?

코소: 술 마시는 자세는 어떤가?

카소: 인내력은 어느 정도인가?

가치 있는 것

사람의 몸속에는 여섯 개의 가치 있는 부분이 있다. 그중 세 개는 스스로 조절할 수 없지만, 나머지 세 개는 자기 마음대로 조절할 수 있다.

스스로 조절할 수 없는 가치 있는 세 부분은 눈과 코와 귀다.

마음대로 조절할 수 있는 가치 있는 세 부분은 입과 손과 발이다.

Memo

Memo

Memo

탈무드에 대하여

탈무드의 구성

《탈무드》는 전해져 내려오는 옛 가르침이나 약속 등의 내용을 기록한 미슈나로부터 시작된다. 미슈나는 A.D. 200년 이후에 구성되었는데 500그램 정도 되는 아주 작은 책이다. 미슈나에는 토론이 없는데 미슈나에서 발견된 논의나 토론이 바로 《탈무드》이다. 이 토론은 반드시 할라카(Halakah)와 하가다(Haggadah)로 나누어져 있다.

유대 민족은 종교에 심취해 있고, 종교 계율을 가장 엄격하게 지키는 사람들이라고 흔히들 말한다. 그러나 유대인의 말에는 종교라는 단어가 없다. 생활 전체가 모두 종교이므로 특별하게 어떤 것을 종교라고 부를 필요가 없었던 것이다.

힐라카는 인간의 모든 행동을 거룩하게 만들기 위한 유대인의 생활양식이라고 말할 수 있다. 제사, 건강, 예술, 식사, 대화, 인간관계 등 모든 생활을 규정하고 있다. 기독교도는 기독교를 믿음으로써 기독교도가 되지만 유대인은 오직 행동으로써 유대인답게 됨을 뜻한다.

하가다는 《탈무드》의 3분의 1을 차지한다. 철학, 역사, 도덕, 시, 격언, 성서해설, 과학, 의학, 수학, 천문학, 심리학 등 인간의 모든 지식이 포함되어 있다.

랍비의 존재

과거 로마인이 유대 민족을 억압하던 시절, 그들은 유대인을 말살하기 위한 갖가지 방법을 생각해냈다. 이를테면 유대인 학교를 폐쇄시키고, 예배와 여러 가지 축제를

금하고, 책을 불태우고 랍비의 교육을 금지했다.

랍비 교육이 끝나면 일반 학교의 졸업식과 비슷한 랍비의 임명식을 가진다. 그런데 당시의 로마는 이 랍비 임명식에 참여한 사람은 임명을 한 측이나 받은 측이나 똑같이 사형에 처하고, 랍비 임명식이 치러진 지역은 폐허로 만들겠다는 포고령을 내렸다. 이것은 로마인이 그때까지 취한 조처들 가운데 가장 악랄하면서도 현명한 탄압 수단이었다. 그 지방이 폐허가 되는 모험을 감행하는 사람에게는 주민들 스스로 무서운 책임을 물을 것인 데다 유대 사회에 있어서 랍비가 없어진다는 사실은 그 사회의 기능이 정지되는 것과 매한가지이기 때문이다. 랍비는 정신적인 지도자이며 변호사이고 의사였음을 로마인도 알고 있었던 것이다.

이러한 때에 한 랍비가 로마인의 계략을 간파하고는 다섯 명의 제자들과 함께 산으로 들어갔다. 만약 발각될 경우, 아무 상관이 없는 마을이 함께 파괴되는 것만은 피하기 위해서였다. 마을에서 꽤 멀리 떨어진 곳에 도착하자 랍비는 다섯 명의 제자를 새로운 랍비로 임명했다. 그러나 그들은 로마인에게 발각되고 말았다. 제자들은 걱정스럽게 물었다.

"스승님, 이제, 스승님께서는 어떻게 되시는 겁니까?"

"나는 이만큼 살았으니 아무래도 상관없지만 그대들은 랍비의 역할을 지속시켜야만 한다. 그러니 어서 피하거라."

결국 다섯 명의 랍비들은 피했지만 노(老) 랍비는 체포되어 300번의 칼질을 당하는 무참한 죽음을 맞이했다.

이 이야기는 유대 사회에서 랍비가 얼마나 중요한 존재인지를 상징적으로 알려주기에 충분하다. 랍비들 사이에는 상하 관계나 서열이 없고 랍비들만의 단체도 없다. 물론 어떤 랍비가 다른 랍비보다 더 현명하다고 판단되면 그가 더 까다로운 문제에 답하거나 어려운 의식을 진행하기도 한다.

오늘날 이스라엘에서는 아홉 살부터 고등학교를 졸업할 때까지 《탈무드》를 가르친다. 《탈무드》를 10년 내지 15

년간 연구하는 셈이다. 랍비 양성학교에 입학하려면 우선 일반 대학교의 학사학위를 받아야 한다. 랍비 양성학교는 대학원에 해당되기 때문이다. 그곳에서는 4년 내지 6년 동안 공부하게 되는데 《탈무드》를 중간부터 공부하게 된다. 이미 많은 것을 공부했을 거라고 인정하기 때문이며, 따라서 입학시험도 매우 까다롭고 엄격하다.

입학시험 과목은 《탈무드》를 비롯해 성서, 히브리어, 아랍어, 역사, 유대문화, 법률, 심리학, 설교학, 교육학, 처세, 철학 등과 몇 편의 논문을 써야 한다. 그뿐만 아니라 졸업할 때는 그동안 배운 것에 대한 마지막 시험을 치르게 된다.

랍비 양성학교에서 수업 시간의 반 이상이 소용될 만큼, 교과 과목 중 가장 기본적이고 중심이 되는 것은 《탈무드》이다. 다른 과목은 일반 교수가 강의하지만 《탈무드》 강사만은 뛰어난 인격자로 선택된다. 《탈무드》의 표현을 빌면, 왼손으로는 학생을 엄하게 훈련하고 오른손으로는 포근히 감싸줄 수 있는 재능을 가진 사람이어야 한다.

학생들도 《탈무드》를 가르치는 교수에게 보이는 반응

은 사뭇 다르다. 탈무드는 두 사람이 한 조가 되어 3년 동안 같은 책상에서 공부하게 되는데, 혼자 큰 소리로 낭독하기나 함께 읽기도 한다. 《탈무드》를 가르치는 교수는 절대로 공부하는 법을 알려주지 않으므로 스스로 연구해야만 한다. 먼저 혼자서 《탈무드》를 탐구하고 문제를 푼 다음 두 사람이 모이는 교실로 가는 것이다. 《탈무드》는 그 속에 담긴 진정한 의미를 마음으로 파악해야 하기 때문에 1시간 수업을 받기 위해서 학생들은 4시간 이상 학습 준비를 한다. 고학년이 되면 무려 20시간 정도 준비하기도 한다.

교수는 이야기의 큰 줄기만을 말해준 채 어떻게 공부해야 하는지 정도만 제시해줄 뿐이다. 저학년 학생들은 모두 책상 앞에 둘러앉아 이야기하고 교수는 다른 책상에 앉아 듣고만 있다. 물론 수업 중에 질문할 수는 없다. 《탈무드》 수업은 반드시 그리스어와 라틴어를 배워야만 할 수 있고 또 로마의 문화에도 정통해야 한다.

학생이 독신일 경우 랍비가 되기 전에 기숙사 생활을 한다. 대개 100명 정도의 학생이 기숙사 생활을 하면서 함께 식사하고 함께 이야기를 나눈다. 밤이면 농구 같은 운동을 즐기기도 한다. 사회와 격리되어 있는 수도원과는 전혀 다른 분위기인 것이다.

졸업 후에는 2년 동안 학교에 봉사해야 한다. 이 기간에 종군 랍비가 되거나 랍비가 없는 고장에 가서 봉사해도 좋다. 이후에는 두 가지 길을 선택할 수 있는데, 하나는 대학에서 학생들을 가르치는 일이고 또 하나는 유대인 사회의 랍비가 되는 것이다.

각 교구는 완전히 독립되어 있으므로 가톨릭처럼 전근을 가는 일은 전혀 없다. 랍비가 없는 지역에서 어느 정도의 보수를 제안하며 양성학교에 랍비를 보내 달라는 편지를 보내오면 졸업을 앞둔 랍비 중에서 사무국에 신청을 하게 된다. 그러면 그는 그 지역에 가서 면접시험을 치러야 한다.

그 지역에서 그를 랍비로 채용하느냐 안 하느냐는 자유이고, 랍비가 그 지역에 부임하느냐 안 하느냐 하는 것 역시 자유이다. 지역에서는 몇 명의 랍비를 만나볼 수 있고, 랍비도 여러 지역을 둘러보고 결정하는 것이다. 양측이 서로 합의가 될 경우에는 그 지역의 교회에 속한 랍비가 되는 것이다. 계약은 일반적으로 2년간이고 보수나 기타 조건은 랍비와 지역이 자체적으로 계약을 맺는다.

유대인은 교회가 없는 곳에서는 살지 않는다. 그들에게 교회는 아침에 일어나 세수하고 식사를 하듯 당연히 있어야 하는 것이며, 교회를 세우는 것은 학교를 세우는 것과 같은 의미이다. 대체로 유대인의 수가 20가구 정도 되면 교회를 세우고 랍비를 초청한다. 한 지역 사회에 여러 명의 랍비가 있을 수도 있지만 그것은 지역 사회에 거주하는 유대인 수에 따라 결정된다. 지역 사회의 재원은 기본적으로 가구당 일정한 분담금에 의존하며, 그 외에 부유한 사람은 기부금을 내기도 한다.

오늘날 랍비는 유대인 학교의 책임자이며 교회의 관리자이며 설교자이다. 모든 사람을 대신해서 유대의 전통을 공부해 유대인 사회에서 일어나는 모든 문제를 해결하는 사람이다. 아이가 태어나면 축복하고, 죽으면 매장하며 결혼하거나 이혼을 하면 입회한다. 경사나 흉사나 항상 참석하는 학자인 동시에 목사인 것이다.

'랍비'라는 단어는 A.D. 2세기경부터 사용하기 시작했는데, 히브리어로 '교사'라는 의미를 갖고 있으며 영어로는 '랍바이(Rabbai)'라고 한다.

유대교에서 시간 개념은 매우 중요하게 여기지만 공간 개념은 그다지 중요하게 여기지 않는다. 따라서 가톨릭에서처럼 성역이라는 개념은 따로 없고 다만 랍비만 성인이라고 불릴 뿐이다.

지혜는 어디에서 오는가?

《탈무드》가 무엇인지 어떻게 해서 만들어졌는지, 어떤 책인지를 설명하기란 매우 어렵다. 간단하게 설명하려 하면 《탈무드》의 본질을 왜곡할 수 있고, 자세하게 설명하려면 끝이 없기 때문이다.

《탈무드》는 단순한 책이 아닌, 심오하고 방대한 문학이라고 말할 수 있다. 1만 2천 페이지에 달하는 《탈무드》의 방대한 내용은 기원전 500년부터 기원후 500년까지 구전

된 내용을 2,000명의 학자들이 10년 동안 편찬한 것이다. 이 《탈무드》는 유대인 5,000년의 지혜이며 다양한 정보의 원천이라고 말할 수 있다.

《탈무드》는 역사책은 아니지만 역사에 대해 이야기하고 있으며, 법전은 아니지만 법에 대해 말하고 있다. 또한 인명사전은 아니지만 많은 인물에 대해 말하고 있다. 그리고 백과사전은 아니지만 그와 똑같은 역할을 하고 있다.

사람이 살아가는 의의는 무엇인가? 인간의 위엄이란 무엇인가? 행복이란 무엇인가? 사랑이란 무엇인가? 그 해답은 5,000년에 걸친 유대인의 지적 자산이 농축되어 있는 탈무드에 모두 들어 있다.

《탈무드》는 진정한 의미에서의 훌륭한 문헌이요, 장엄하고 화려한 문화의 모자이크이다. 서구 문명을 낳은 문화 양식과 서구 문명의 사고방식을 이해하기 위해서는 반드시 《탈무드》를 읽어야만 한다.

《탈무드》의 원류는 구약성서이며 고대 유대인의 사상이라기보다는 구약성서를 보완하고, 확장시킨 것이라 할 수 있다. 기독교인은 예수의 출현 이후의 유대 문화를 모두 무시하고,《탈무드》의 존재조차 인정하려 들지 않았다.

《탈무드》가 문헌으로 기록되기 전에는 랍비라고 일컬어지는 교사들의 입을 통해 전파되었다. 그런 이유로《탈무드》의 내용 가운데 많은 부분이 질문과 대답의 형식으로 이루어져 있다. 내용의 범위 또한 매우 넓어서 온갖 주제가 히브리어와 아랍어로 전해졌다.《탈무드》가 처음으로 기록되었을 때는 구두점도 없고, 서문이나 후기도 없이 오로지 내용으로만 이루어진 것이었다.

시간이 지나면서《탈무드》의 내용은 매우 방대해지고, 산만해져 갔다 그러자 유대인은《탈무드》의 귀중한 부분들이 없어지는 것을 방지하기 위해 여러 곳에 흩어져 있는《탈무드》 전승자들을 한곳에 모이게 했는데, 이때 전승자들 중에서 지나치게 머리가 뛰어난 사람들은 제외시켰다. 그들이《탈무드》에 자신의 의견을 덧붙임으로써 내용을 왜곡시킬 것을 우려했기 때문이다.

그 이후 몇 백 년간 여러 도시에서 편찬되어 오늘날에는 바빌로니아의《탈무드》와 팔레스타인의《탈무드》 두 가지가 존재하고 있다. 그중에서 바빌로니아의《탈무드》

가 더 권위 있고 중요시되어 오늘날 '탈무드'라고 하면 대개 이것을 가리킨다.

《탈무드》 속의 주석(註釋)은 이스라엘어를 비롯해서 바빌로니아어, 프랑스어, 독일어, 스페인어, 북아프리카어, 터키어, 폴란드어, 러시아어, 이탈리아어, 영어, 중국어 등 여러 나라의 언어로 쓰여 있다.

《탈무드》는 읽는 것이 아니라 배우는 것이다. 《탈무드》를 제대로 이해하고 파악한다면 인생의 경험이 풍부해지고, 사고방식을 확립하는 데 많은 도움이 될 것이다. 사고능력이나 정신을 단련시키는 데 있어서 이만큼 좋은 책은 없다.

《탈무드》는 '유대인의 영혼'이라고 말할 수 있다. 《탈무드》는 오랫동안 흩어져 살며 박해받았던 유대인을 하나로 결속시켜주는 역할을 한다. 오늘날 모든 유대인이 탈무드의 연구자라고 말할 수는 없다. 하지만 그들이 정신적인 자양분과 생활 규범을 《탈무드》에서 얻고 있는 것은 사실이다. 《탈무드》는 유대인의 생활의 일부로서 유대인이 《탈무드》를 지켜왔다기보다는 《탈무드》가 유대인을 지켜주었다고 말할 수 있다.

본래 《탈무드》라는 말은 '위대한 연구', '위대한 학문', '위대한 고전 연구'라는 의미를 가지고 있다. 《탈무드》는 어느 책을 펼쳐보아도 반드시 둘째 페이지부터 시작한다. 이것은 《탈무드》를 읽지 않았어도 독자는 이미 《탈무드》의 연구자임을 의미한다. 즉 첫째 페이지는 독자의 경험을 쓰기 위해 남겨지는 것이다. 또한 《탈무드》의 새로운 인쇄판에서는 마지막 페이지를 반드시 백지로 남겨두어 언제라도 덧붙여 쓸 수 있다는 영원성을 상징하고 있다.

유대인은 《탈무드》를 바다라고 부른다. 바다는 거대하고 온갖 것이 다 들어있으면서 그 밑은 무엇이 있는지 정확히 알 수 없을 만큼 끝이 없기 때문이다. 하지만 《탈무드》가 아무리 방대하다고 해도 포기해서는 안 된다.

《탈무드》가 아무리 위대하고 방대하다 해도 우리와 똑같은 인간이 만든 것이다. 그러니 똑같은 사람인 우리가 그것을 자기 것으로 만들지 못할 이유가 없다. 다만 사다리를 밟고 한 걸음씩 올라가듯 전진해야만 한다.

만약 여러분이 알고 있는 수백 명의 세계 위인들을 한

자리에 모아놓고 수백 시간 동안 토론한 내용을 녹음했다면 그것은 대단히 귀중한 자료임에 틀림없다. 그러나《탈무드》는 그 이상의 충분한 가치를 지닌 내용으로 이루어져 있다.《탈무드》의 한 페이지를 펼치는 순간 위대한 인물들이 천 년 동안 이야기해온 진리의 소리를 만날 것이다.